老後のイライラを捨てる技術

保坂 隆
Hosaka Takashi

PHP新書

まえがき

六十歳を超えると、男女ともに多くの人が仕事や子育てから解放され、自分のために使える時間が増えてきます。さまざまなしがらみから放たれ、本当の意味で自分らしく生きていける老後の時間です。若い世代から見れば、うらやましい限りでしょう。

しかし、その年代の人の生活を見ていると、みんながみんな楽しく明るい毎日を過ごしているようには思えません。それどころか、

「理由は分からないけれど、いつも心の中がモヤモヤする」

「できないことばかりで自己嫌悪に陥る。不安に襲われたりする」

「周りの対応に腹が立つ。イライラする」

このように訴える人が多いのです。その証拠に、ストレスと密接な関係がある「うつ」の人の四割が、六十歳以上だといわれています。

本当は誰だって、機嫌よく毎日を過ごしたい、ニコニコ笑っていたいと思うでしょう。しかし、老後の生活の中では、健康、お金、介護、孤独、家族との関わり方など、不安やストレスを生み出すことが多々あり、のんびりと気楽にもしていられないのです。

せっかく「人生八十年」と長寿になったのに、つらい気持ちを抱えながら生きるのでは、長生きをよろこぶ気持ちも半減してしまいます。

だからこそ、老いによって生まれるイライラや不安をかわしたり、上手につきあっていく生活の術が大切になるわけです。

この本では、加齢による気持ちの変化や不安の正体を探り、そのうえで「こんな場合にはこんな対処を」「こういったときには○○な対応を」というように、具体的なアドバイスを解説します。また、加齢によるストレスをうまく乗り越えた方々の体験談も紹介しているので、参考にしやすいでしょう。

「老後の不安やイライラを減らしたい」

「年をとっても、生き生きとした毎日を過ごしたい」

これらは人間として当たり前の感情です。遠慮せず、声を大にして口にしていいのです。

今から老後を迎える人、すでに老後に入っている人が、ともにストレスのない生活を送れることが私の願いです。そのために本書を活用していただければ、こんなに嬉しいことはありません。

老後のイライラを捨てる技術　目次

まえがき　3

第1章　老後に特有のストレスとは？

「身体的な老い」と「気持ちの老い」はまったく違う　14
「退屈だけど面倒？」――気持ちが老いるとイライラが増える　16
最初の一歩は「自分の思い」を紙に書き出すことから　19
仕事が頭の中の八割以上を占めた人たちの老後は？　23
「老いに逆らう人」ほど、喪失感が大きくなる　26
気をつけたい高齢者のアルコール依存症　29
「いつまでも自分が好き」――老後のイライラに負けない生き方　32

第2章　人間関係のイライラを解消するには？

同居に「気づかい」は必要だが、「はっきり言う」のも大切　38
「孫の人生」に責任をもつのは親か、祖父母か？　40
「外国人の嫁」だと思えば、許せることもある　42
頼られるのは嬉しいけれど、「家族の犠牲」になってはダメ　44
同居生活でかえって「孤独」を味わうことも……　47
息子のお嫁さんに「自分の姿」を投影するなかれ　49
夫に「昼食」ぐらい自分で作ってもらおう　52
伴侶との死別――改めて気づくのは友達の大切さです　55
「察してほしい」気持ちが強まると、自分が苦しくなる　58
「友情」も細く長く――お互いに無理が利かなくなっています　61
地元の商店を、地域とのコミュニケーションの軸に考える　63
個人の趣味から、地域との交流へと広がる「オープンガーデン」　65
「～してあげたのに」が、トラブルのもとになる　69

第3章　心の不安とどう向き合うか？

遠慮のしすぎで、かえって孤独や不安が増えていく　74
「上手な愚痴は元気の素」――自分に溜め込まず、相手に迷惑をかけず　77
「自分の遠くない将来」――介護不安は、先延ばしにせず相談を　81
行政をとことん利用することで、ストレスを減らせる　85
ゆっくり朝食を味わうのが、いちばんぜいたくな時間　87
定年後に不規則な生活を続けると、どんどん自分が不安になる　89
眠れない高齢者にうってつけの「深夜ラジオ番組」がある？　92
「死への不安」が膨らんできたら、どう心を落ち着けるか　95
幸せを感じる習慣――毎日の小さな「感動」を一冊のノートに記そう　98

第4章　身体の心配をどう軽くするか？

原因が分からない？――レントゲンには写らない痛みもある　102
身体の悩みを共有できる「同病友達」がいると心強い　104
信頼できるかかりつけ医は、人生の大きな財産　108
今や「セカンドオピニオン」は当たり前だが……　112
「高齢者のうつ」――身体の病気が心まで不健康にする　114
新しい認知症の予防法――知っているのと知らないのとでは大違い　117
死への「気負い」を少しずつ取り払おう　121
地域社会でいかに「存在感のある生活」をするか　124
「健康神話」を生きがいにするなかれ　126
「冷えは万病のもと」――体温を上げて元気になろう　130
カロリー制限によって「長寿遺伝子」のスイッチが入る？　133
腸内環境を整えれば、免疫力がアップする　136
健康長寿のために「腹式呼吸」の習慣を身につけよう　138
「笑いの効果」――人間の感情が健康に与える影響は想像以上　140
六十五歳以上の三人に一人が睡眠障害を感じている　143

眠りの質を高める――「光」「体温」「食」のコントロール 145

第5章 お金の悩みは深刻だけれど……

自分自身で収支を決定できれば、漠然とした不安はなくなる 150
「老後の保険」を真剣に考えるほど、病気や介護の心配が少なくなる 153
「倹約だけ」で人生が終わったら寂しすぎます 156
思考の老化――「オレオレ詐欺」なんて大丈夫と思うなかれ 160
高齢者を狙う「悪徳業者」に騙されないためには？ 164
今さら無理に「資産を増やそう」と思わない 168
引退後は「義理のつきあい」も自分流に変更しよう 170
将来を不安がるより先に「生活のダウンサイジング」を 173
「依存心」があるのはどちら？――子どもに資産を残すべきか 176
「自分に稼ぐ能力がある」と思えれば、心の安定につながる 178
「日々の買い物」をスリムに変えていく方法 181

いざというとき「金銭的な手続き」まで頼める人はいますか？　183
身元保証など「みまもり家族制度」の支援も利用できる　186

第6章　老いを忘れさせる生きがいづくり

生きがいの充実――「毎日遊んで暮らそう」では長く続かない　192
シニアボランティア――小さな社会貢献が心の大きな満足に　194
定年後の「地域デビュー」――肩書きがないからこそ笑顔が大事　196
「オープンカレッジ」でもう一度大学に通ってみませんか？　198
「男女一緒に遊ぶ」のが、高齢者のつきあいの理想　201
「男やもめ」でも便利に楽しく生きられる時代になった　204
クラインガルテンで「プチ田舎暮らし」を夫婦で体験できる　206
お金と時間はあるけど体力がない？――自由気ままに海外旅行を　209
時間も行き先も決めない「一人旅」も洒落たもの　213
「地域のスポーツジム」が高齢者のコミュニティに　216

高齢者が資格を取って「人生の幅」を広げる時代 220
老後の趣味が「一つだけ」ではリスクが大きい？ 223
自分の世界が広がる――インターネットだけでも使ってみませんか？ 227
ブログなら「同趣味の知らない人」とも気軽に交流ができる 231
アウトドアスポーツを「食わず嫌い」していませんか？ 233
自分史を書いてみる――明日への方向も見えてくる 237
五感をフルに使う料理こそ、定年後の趣味に加えるべき 239
「老いてからの芸術」はメリットがこんなにある 242

編集協力――幸運社／松島恵利子

第1章

老後に特有の
ストレスとは？

「身体的な老い」と「気持ちの老い」はまったく違う

ここ数年、「アンチエイジング」という言葉をよく耳にするようになりました。アンチエイジングとは加齢への抵抗、つまり老化防止対策のことで、世間一般には「若返り」を目的とした医療や整形、美容術などを指すようです。

しかし、結論からいうと、どんなにお金や手間をかけて頑張ったところで人間の老化は止められません。どんな人でも必ず老いていくのです。

ただし**同じ老いるにせよ、「楽しい老い方」と「つらい老い方」は自分で選べます。**老いが絶対に逆らえない事実だとしたら、せめて老後のイライラやストレスが少なく、楽しい毎日を過ごせる生き方を選びたいですよね。

では、どうしたら、楽しくストレスフリーの老い方ができるのでしょうか?

「老い」といえばまず、足腰が弱くなる、もの忘れが激しくなる、といった身体的な症状が思い浮かびますが、**これらは日常生活に多少の不便をもたらすことはあっても、楽しい老後が送れなくなる「絶対的な要因」とはなりません。**

なぜなら足腰が弱くなれば、杖《つえ》をつく、シルバーカーを押す、外出先ではできるだけ楽な乗り物を利用するなど、完全とはいえなくても何らかの形でカバーできるからです。

また痴呆《ちほう》は別としても、もの忘れが増えた程度なら、大切なことを忘れないように書きとめる、普段目につくところにメモを貼っておくことを習慣づけるなどの努力で、不便さはかなり軽減されます。

さらに、携帯電話や家電製品などの新しい機能の使い方が覚えられないのも老化の代表的な症状ですが、そういったときは、使い慣れた古いタイプを選べばいいのです。**無理をして新しいものに手を出そうと思わなければ、それほど不自由さは感じません。**

だから、身体に多少のガタが来たからといって「もう楽しい老後はない」と嘆くことはありませんし、もの忘れの進行や新しい流行に馴染《なじ》めないのだって、自信をなくすほどのことではないのです。

しかし、このような身体的な老いと**「気持ちの老い」**は、まったく違います。

気持ちの老いとは、**「何かをやろう」**という気力やモチベーションが湧かなくなったり、創造力や新しいアイデアが出なくなったり、感情に**「喜怒哀楽」**などの細やかな起伏がなくなってしまうことです。**いわば心が「枯れた」状態です。**

つまり、**何をするにも面倒で、何をしても面白くない状態です。**こうなったら、**身体が元気でピンピンしていても、記憶力が冴《さ》えていても、毎日がちっとも楽しくありません。**

気持ちの老いは、イライラやストレスだらけのつらい老後を招くのです。

「退屈だけど面倒？」――気持ちが老いるとイライラが増える

定年退職後、**嫌というほど自由になる時間**があるにもかかわらず、家事を手伝うわけでもなく、自分の趣味をもつわけでもなく、地域の活動に参加するわけでもなく、ただただ家にこもって一日中、ガミガミと奥さんに文句を言っている男性がいます。

これは「気持ちが老いた人」の典型的なタイプでしょう。

そんな場合、**家族は何とか意識を外に向けてもらおうと考え、**「ねぇお父さん、家にばっかりいないで、地域の行事に参加してみれば？」とか「せっかく時間があるんだから、絵やパソコンでも習いに行ってみればいいじゃない？」などと水を向けます。

しかし気持ちが老いてしまうと、**何か新しいことを始めるのがひどく面倒**に感じますし、人づきあいも億劫《おっくう》なため嫌がります。

人が新しいことを始めるには、「ちょっと面白そうだな」とか「○○ができるようになったら楽しいかも」という**期待やトキメキが原動力**になりますが、気持ちが老いると、**最初の一歩であるトキメキをなかなか感じない**ため、実際の行動を起こすところにまで至りません。

しかし、自由になる時間は十分すぎるほどありますから、身体が健康であれば**エネルギーをもて余してしまう**でしょう。だから、そのはけ口を家族に向けるのです。

漠然《ばくぜん》と何かやりたいのに、何に対しても興味が感じられない。面白そうには思えない。何をするにも億劫に感じる……。**心の中にいつも相反するモヤモヤしたものが充満**している状態が「気持ちの老い」なのです。

「人生百年」と呼ばれる時代がそこまで来ているのに、**退屈でイライラする時間ばかりが増える**のでは、悲劇としかいいようがありません。

さらに、定年後の夫がこうしたイライラの状態に陥ることで、奥さんが「うつ」を発症することも珍しくないのです。夫が会社勤めをしていたときは、日中のんびりと自分の時間を過ごせていたのに、**退職後は二十四時間「妻」であることを強《し》いられる**からです。

また、仕事人間だった自分を捨てきれずに、家庭の中に「会社」をもち込み、妻を部下のように扱う人もいます。信じられないような話ですが、妻のちょっとした失敗に腹を立て「始末書ものだ！」と怒鳴りつけたり、**「反省が見られない」「お前はいつもこうだ！」**と言って、延々と叱責《しっせき》を続ける夫もいるそうです。

こんな状態が毎日続けば、誰だってまともではいられません。勤め先に嫌な上司がいるのと違って、**家庭では逃げ場がないからです。**そのため行動力のある妻は、夫に対して三行半《みくだりはん》を叩きつける場合もあります。俗にいう「熟年離婚」ですね。

夫にしてみれば、趣味も楽しみも家族の交流も我慢して「企業戦士」として戦い続け、やっと自分らしく生きられる時間を手にした途端、人生の伴侶《はんりよ》に反旗を翻《ひるがえ》されたのでは泣くに泣けないでしょう。

だからこそ、**幸せな老後を過ごしたい**のなら、今このときから「気持ちの老い」を防ぐ努力をしなくてはならないのです。

幸い、あなたが本書を手に取ってくださったということは、自分の老後に対して前向きであり、何かしら悩みがあってもそれを改善しようという意欲がある証拠だと思います。まだまだ、トキメキも意欲も枯れてはいません。**今ならまだ間に合います。**

気持ちや感情の老化防止にもっとも効果的なのは、「自分のやりたい何か」を見つけることです。そして、それを実現するために、小さくても構わないので最初のアクションを起こしましょう。**「自分のやりたいこと」を実現するための行動は、老化防止に何よりの効果があるのです。**

本当の意味での人生のアンチエイジングとは、見た目の若さを整えることではなく、**内面の輝きを失わないこと**です。老いてからこそ自分の興味のあることをたくさん見つけて、気持ちに張りを与えましょう。

最初の一歩は「自分の思い」を紙に書き出すことから

「これから自分のやりたいことって何だろう？」

いざ老後を迎えて自由な時間を前にすると、漠然としすぎて具体的な項目が浮かばないのではないでしょうか。

そんなときはとりあえず、難しく考えずに頭に浮かんだ内容をすべて紙に書き出してみましょう。それが実現可能かどうかなど関係ありません。いつもは頭の中でモヤモヤとしている思いを、**目に見える形でとにかく並べてみるのがポイントです。**

たとえば、「今夜は熱燗《あつかん》で晩酌《ばんしゃく》したい」「来週までに庭の草むしりをしておきたい」といった日常の小さなことでも構いません。また「太平洋をヨットで横断してみたい」、あるいは「シニアオリンピックに出場したい」といったでもいいでしょう。

書き出したものの中には、すぐに実現できるもの、ちょっと頑張れば叶うもの、かなりの努力が必要なもの、実現は限りなく不可能に近いもの、さまざまあると思います。

そして、自分のやりたいことを紙に書いて文字にするだけで、**以前とは比べものにならないほど具体的なイメージが浮かび、**胸がワクワクして前向きな気持ちになりませんでしたか？　その気持ちこそがトキメキなのです。

また、**いったん紙に書き出してしまうと、**仕事の延長のようですが、**何としても達成しなければ気がすまない**（中途半端は気持ちが悪い）感覚になる人もいるでしょう。

このように、紙とペンさえあれば浮かび上がるトキメキ。なにも難しく悩まなくても、気持ちの老いを防ぐきっかけは、誰でも簡単につかめるのです。

そして、紙に書き出してみた「自分のやりたいこと」にさっそく着手してみましょう。**まずは小さなことから着手すると、その後の勢いがつく**かもしれません。

「今夜は熱燗で晩酌したい」と書いたのなら、その準備をしなくてはいけません。自分の好きなお酒が家にあるかを確認し、徳利《とっくり》とお銚子《ちょうし》を準備しましょう。やや大げさな言い方かもしれませんが、これらの行為は「やりたいこと（夢）」を叶えるためのステップです。一つ一つを意識して大切に行なえば、トキメキがさらに膨らんでいきます。

もっと手をかけるのなら、酒屋に足を運んでいつもと違う日本酒を選んでみましょう。せっかく飲むのなら、安売りの酒をしこたま飲むのではなく、高くても美味しい酒を少量いただくほうが**気持ちがぜいたく**というもの。

また、美味しい酒を求めて何軒もの店をまわったり、インターネットで銘酒《めいしゅ》を調べたりすれば、より期待は高まるはずです。そして、やっと手に入れた新しい酒で一杯やれば、大きな達成感とともに、**心に若さや新鮮な気持ちが戻ってくる**こと間違いなしでしょう。

では、実現が難しい「やりたいこと」はどうしたらいいのでしょうか。

「今さら太平洋をヨットで横断するなんて無理だ」と、**最初から全部放り投げてはいけません。**「千里の道も一歩から」というように、せっかく自分がやりたいと思ったのですから、少しずつでも何かできないか試してみればいいのです。

たとえば、図書館に出向き、今まで太平洋をヨットで横断した人のことが書かれている本を探してみましょう。**老若男女、さまざまなケース**の書籍が見つかるはずです。有名なところでは、『太平洋ひとりぼっち』（堀江謙一著）があります。これは市川崑《こん》監督・石原裕次郎主演で映画化されているので、そのＤＶＤを見るのもいいかもしれません。

そして本を読めば、太平洋をヨットで横断するのはどういうことか、どんな感動が得られるのか、最低限必要なものは何か、そのためには何を準備すればいいのかなど、詳しく知ることができるでしょう。それだけでも「太平洋をヨットで横断したい」という**漠然とした夢が現実味を帯びてきます**。

詳しく知れば知るほど、資金的にも体力的にも「これは無理だな」と感じるかもしれませんが、それがきっかけで**「では少しハードルを下げて、フルマラソンや本格的な登山に挑戦してみよう」**と、実現可能な夢が生まれる場合もあるのです。

以前、ご長寿の双子姉妹として一世を風靡《ふうび》した、きんさん・ぎんさんは**「人間、気力が大切。何かをするという気持ちをもたなくちゃいけない」**と語っていました。

おふたりは齢《よわい》百にして国民的「ご長寿アイドル」になったのですが、全国からお呼びがかかると、喜んで出向いたといいます。

また、台湾に招かれて百三歳で初めての海外旅行へと出かけたり、各地をまわるための筋力トレーニングに励むなど、**その旺盛な好奇心とチャレンジ精神が楽しい老後を支えて**

いたに違いありません。

仕事が頭の中の八割以上を占めた人たちの老後は？

「俺の趣味は仕事。仕事が生きがいなんだ」

程度の差こそあれ、そう公言してしまう男性は少なくありません。いわゆる「ワーカホリック」（仕事中毒、仕事依存症）と呼ばれる人たちです。

彼らは今まで朝早く家を出て、深夜残業は当たり前、そのあと同僚や上司とちょこっと酒を飲んで仕事の話をし、家には寝に帰るだけ。そして、休日も残った仕事をやるか接待ゴルフ、あるいは家でゴロゴロするといった生活サイクルを送ってきました。

日本の高度経済成長を支えてきた人たちは、**現役時代はエネルギッシュで生きがいに溢《あふ》れていた**のですが、定年と同時にガクッと元気をなくしてしまうケースが多かったとか。

なぜなら、現役時代は仕事のことが頭の中の八割以上を占めていたのに、**それがすっかりなくなってしまった**ためです。そしてこれは最近、定年を迎え始めたいわゆる団塊の世代の人たちにも似たようなことがいえるでしょう。

会社の中で多くの部下を従えていた管理職も、たくさんの取引先から頼りにされていた営業マンも、退職すればただの人――。自分が暮らす地域の一住民にすぎません。

社名や肩書きがなくなって初めて、**それまで自分が懸命に働いて支えてきたと思っていた会社が、自分という存在を大きく支えてくれていた**のだと実感され、自分の価値が急に薄らいで落ち込んでしまいます。

こういった人に「何か趣味を持て」「もっと遊べ」と勧めても、あまり効果はありません。**彼らは「遊ぶ」ことより「働くこと」を欲している**のです。その欲求が満たされなければ、なかなか立ち直れません。

ですから働くことが大好きで、退職によって急に元気がなくなったのなら、たとえ生活に余裕がある人でも、**新たな仕事を探すのがいちばんなのです。**

ただし、以前と同じような仕事を探してはいけません。スーツを着て、満員電車に揺られて大きなビルの中で**バリバリと働く時代はもう卒業した**のです。今後は企業戦士として「一企業」を盛り上げるのではなく、地域の一員として**地元を盛り立てる**コミュニティの仕事や活動をされてはいかがでしょうか。

こんなふうに言うと、「俺がやりたいのは自分の能力を最大限に活かせる仕事だ。町内会のお遊びなんかじゃない」と不満に思うかもしれませんが、実はこれからの時代、「地域の活性化」こそが重要な仕事となってくるのです。

社会を構成するいちばん小さな集団の単位は家族で、それが集まって地域となります。さらに地域が何百、何千と寄り集まって一つのコミュニティを構成し、それらのコミュニティが結びついて日本という国が成り立っています。

しかし現在の日本は一極集中型で、若くて優秀な人ほど首都圏に流れ込み、それにより周辺の過疎化が深刻化し、**地方都市がどんどん衰退しているのです。**その証拠に、日本中どこの役所でも、地域の活性化に頭を悩ませています。

町おこしや村おこしと銘打《めい》って、新たな観光事業に力を入れる自治体もたくさんありますが、よほどの価値や独自性があるものでなければ、永続的な観光資源にはなりません。

何かが成功すれば当然、**周りも真似**しようとしますし、似たようなものが近くに新しくできれば、観光客はあっという間にそちらに流れてしまいます。

つまり地域を継続的に元気にするには、外からの観光客に頼るのではなく、そこに住む人たちが盛り立て、若い世代が**「ずっと地元で頑張りたい」**と感じたり、都心に出ていった人たちが**「また地元に戻って再スタートしたい」**と思える故郷づくりをしなくてはならないのです。

それには、雇用の問題や住みやすさ、あるいは子育てのしやすさなど、さまざまな面で地元の人たちの力が不可欠です。**地元に愛着や誇りをもつ循環が生まれる**には、行政の力だけでなく、そこに住む人たちの頑張りが必要です。

ただし、現役で仕事をもっている人が地域活動に割ける時間はわずかですから、そこをたっぷり時間がある高齢者たちが受けもつようにします。

地域の活動は、年寄りの暇つぶしなどではありません。地元の活性化、ひいては、日本という国が将来にわたってバランスよく元気でいられれ、それぞれの故郷が元来もっている輝きを取り戻すための大事業なのです。

そう考えると、**「ああ、もうすることがない」**などと落ち込んでいる暇はありません。自身が生きている間だけでなく、**子どもや孫、それ以降の世代に伝える**という意味でも、定年後のこうした仕事はひと回りもふた回りもスケールが大きいのですから。

「老いに逆らう人」ほど、喪失感が大きくなる

年をとれば誰でも、肌の張りが失われ、シワが目立つようになります。また、高い声や大きな声が出にくくなる、睡眠が浅くなる、食べる量が減る、といった「老いの症状」がだんだん出てきます。

もちろん個人差はありますが、スピードが異なるだけで「老いる」ことに変わりはありません。つまり、老いは自然なことなのです。

しかし、その老いを**「絶対的なマイナス」**と捉え、なかなか受け入れない人もいます。そういう人は、**老いた自分を認めたくないため、必死で逆らおうとする**のです。

たとえば、自分より若い人と意見が食い違ったとき、何が何でも自分の言い分を譲ろうとせず、負けそうになると「年寄りと思ってバカにするな。お前はもっと勉強しろ」などと論点とは関係ないところで感情的になったり、周囲の人が「もうやめておいたほうがいい」と気遣ったことを、「まだ若いから大丈夫」と無理をしたり……。

本人としては**「若い人に負けていない」**と誇示するためにしていることが、端《はた》から見ると、**必死で若さにしがみついているようで、逆に違和感や年寄り臭さを強く感じてしまう**のです。

また、老いに逆らえば逆らうほど、自分の老いた部分がクローズアップされて感じるため、**ほかの人なら気にしないようなことでも「喪失感」が膨らんでしまいます。**

であるからこそ、老いを「衰え」とか「下り坂」といったマイナス要因に考えず、**年齢に合った「成長」**だと捉え直してみてはいかがでしょうか。

たとえば、睡眠の面で考えてみましょう。

若いころは布団《ふとん》に入った途端に眠れたものが、年をとると寝つきが悪いうえに、どうしても眠りが浅くなります。これは、若者と同様の深くて長い眠りが必要でなくなったことの表れです。**たくさん眠らなくても、病気にならない体に「成長」したのです。**

また、たくさん食べられなくなったり、油っこいものが胃にもたれるようになったのも成長の一つで、「これからは消化にいいものを適量食べましょう」という健康に対して敏感になった身体からのシグナルなのです。

だから若いころの自分と比べて、**「あれもできなくなった。これもできなくなった」**など憂《うれ》う必要はないと考えましょう。

芥川賞作家の赤瀬川原平氏が作り出した「老人力」という言葉は、もの忘れ、繰《く》り言、ため息といった、**加齢によって起きる人間の変化を実に前向きに捉え、**多くの高齢者に元気を与え続けています。

老い特有の症状に気づいて落ち込みそうになったら、「自分にもやっと老人力がついてきたな」と率直に受け入れてみてはいかがでしょうか。**こういう考え方もある**と思うだけでも、想像以上に気持ちが明るくなるものです。

気をつけたい高齢者のアルコール依存症

最近、高齢者のアルコール依存症が増えています。

「仕事に行かなくてすむようになって、**朝から飲む癖**がついてしまった」「**翌日の出勤を気にしなくていい**ので深酒を重ねるようになった」というように、もともとお酒が好きで酒量が増えた人もいるのですが、それまでお酒をほとんど飲まなかったのに、**退職を機に毎日お酒を飲み始めて依存症になる人**もいます。

彼らは、それまで一日の大半を占めていた仕事がなくなった寂しさや空しさ、もて余す時間、加齢によるストレスを**飲酒でごまかそう**として、依存症に陥ってしまうのです。

そして、高齢者のアルコール依存は、**若い人の依存とは異なる深刻な問題点**をいろいろ抱えています。

まず加齢によって、アルコールが身体に及ぼす影響が大になっています。

人は年齢を重ねるほど身体の脂肪分が増え、水分量が減少します。**アルコールは水には溶けますが、脂肪に溶けにくい性質**があるので、体重が同じ若者と同量のアルコールを高齢者が摂取した場合、**血中アルコールの濃度は高齢者のほうが高くなってしまう**のです。

また加齢にともない、アルコールを分解する肝臓の働きも低下しますから、その影響も強く出ます。

よく**「酔いが早くなった。年をとったなあ」**などと嘆《たん》じる人がいますが、加齢にしたがい酒の回りが早く感じるのは、こうした身体のメカニズムのせいです。

また、高齢者特有の酔い方としては、少量でも酩酊《めいてい》状態になる、よく転倒してケガをする、失禁するなどが挙げられます。これは、加齢によって脳のアルコールに対する感受性が高まり、影響を受けやすくなるからです。

一人暮らしのお年寄りが酔った原因で倒れて、そのまま亡くなってしまうケースもありますし、**高齢者の大量飲酒はうつ病を引き起こす原因にもなりやすい**のです。「たかが、お酒」と軽々しく考えてはいけません。すぐに治療が必要な場合もあります。

次の問題点として挙げられるのが、アルコール依存症に対する認識の甘さです。

アルコール依存症は、ひと昔前は「アル中」（アルコール中毒）と呼ばれていました。そして「アル中」という言葉から、ボロボロの服を着て、酒瓶を提《さ》げて歩く路上生活者をイメージする人が多かった時代があります。

そのためか今、自分がアルコール依存症になっても、**家族と自宅で暮らしているような人は「まさか、私がアル中になるわけがない」と勝手に思い込んでしまう**のです。とくに社会的地位が高かった人に、その傾向が強いようです。

また見過ごしてしまうのは家族も同様で、かなりひどい状態になるまでアルコール依存症だとは思わず、なかなか「病院に行って診《み》てもらいましょう」とはなりません。

そして最後に、**どうしてもアルコールをやめなければならない理由や動機が、高齢者にとっては薄い**ことです。

たとえば、子どもがまだ就学中などの現役時代に酒ばかり飲んでいれば、家族が必死になって飲酒を止めようとするでしょう。生活がかかっていますからね。本人が嫌がっても無理やり医者に連れていきますし、酒を飲まないように監視もします。

しかし定年後は飲みすぎても、会社に行く必要はありませんし「これまで頑張ってきたのだから、**老後はお酒くらい自由に飲ませてやってもいいか**」と考えてしまいがちです。

本人も**「このまま飲み続けていれば、会社をクビになってしまうかも」**という危機感がないので、つい酒の誘惑に負けてしまいます。こうした身体や周りの環境の変化が重なり、高齢者のアルコール依存は増えていくのです。

もし依存症になったら専門家を訪ねるのが先決ですが、治療と同時に家族の理解と協力が何よりも大切になります。

アルコールによって埋めようとしていたストレスの原因を、家族の愛情や思いやり、対話で解決してあげることが必要です。また、家庭内で本人が受けもつ役割（仕事）をつくり、**自分の存在価値をきちんと認識できる**ようにすることも重要でしょう。

高齢者の依存症は「もう先が短いから」と諦《あきら》められがちですが、適切な治療と周囲の理解が得られれば、必ずよくなるものなのです。

「いつまでも自分が好き」――老後のイライラに負けない生き方

いくら老いを前向きに捉えようと努力しても、気分が落ち込んだときや、嫌なことがあったときは、つい**「年なんかとるもんじゃない」「若いころはよかったなあ」**と独り言も言いたくなるでしょう。もちろん、それは人間として当たり前の感情です。けれども、そうしたネガティブな感情は、できるだけ引きずらないようにしたいもの。なぜなら、たとえ**無意識にであっても「マイナスの言葉」を繰り返し呟《つぶや》いていると**、本当に生きることがつらく感じられたり、自分の存在価値が見えなくなって「もう死ぬことしか残されていない」「どうせ死ぬのなら、早く死んでしまいたい」などと考えてしまうからです。

また、加齢によるさまざまな身体や暮らしの変化を「これもできない。あれもできなくなった」とばかり考えていると、**「できない自分」がどんどん嫌いになってしまう**でしょう。

自分が嫌いな人は、自分を大切にしません。そして自分を大切にしない人は、平気で他人を傷つけるようになります。

「どうせ自分は先が長くないんだから」と投げやりな気持ちになって、他人に対して嫌な言葉を無造作に投げかけたり、不愉快になる態度をとったりするでしょう。

人生というのは不思議なもので**「自分がやったことは、そのまま自分に返ってくる」**といいます。

他人が嫌がるようなことをすれば、**周りもそれを見ています**ので相手本人からでなくとも、**自分も同様に周りから嫌なことをされる**のです。そして自分が困ったときに、誰も助けの手を差し伸べてくれません。

そうなれば、**最初は思い込み**だったはずの「生きることのつらさ」が、現実のものとして自分へと降りかかってきます。

人生には限りがあります。それは高齢者でも赤ちゃんでも同じことです。だからこそ、**生きている間は「よい循環」を心がけましょう。**

よい循環とは、まず自分を認め、自分を好きになることです。

そうすれば、心に余裕ができて、他人に対しても自然と思いやりをもった対応ができるようになるでしょう。思いやりをもって人に接すれば、**見る人は見ています**から、それが巡り巡ってちゃんと自分に戻ってきます。これがよい循環です。

人間は感情の生き物ですから、そのときそのときの気分の浮き沈みは仕方ありません。でも、**循環のスタートとなる自分を嫌いにさえならなければ、必ず何とかなります。**

あなたという命は、この広い地球上でたった一つしかないかけがえのない存在です。そして、人生の節目の多くを迎えた今も輝いて生きている尊い命なのです。

世界中にどれだけたくさんの人が存在しても、**あなたの最大の理解者はあなた自身であり、最高の味方はやはりあなた自身なのです。**「老後のイライラ」に負けて自分を嫌いになりそうになったら、そのことをもう一度思い出してみてください。

第２章

人間関係のイライラを解消するには？

同居に「気づかい」は必要だが、「はっきり言う」のも大切

二世代、三世代からなる同居家族の数は、地方と都市部ではまだまだ大きな差がありますが、ここにきて、**都市部でも親と同居する「若夫婦」の数が徐々に増えています。**

その理由は、不況のため長年勤めても給料が上がらないことによる**生活困難**、また都市部の地価が高いため、自分たちの収入だけでは**満足な住宅が購入できない**こと、出産してからも働く女性が増えたため、**子どもを見てもらえる**といったメリットがあるからです。

しかし住む人たちの年代が違えば当然、食べ物の好みや生活スタイル、価値観も異なります。同居するにあたっては、そのあたりをよく踏まえておく必要があるでしょう。

とくに高齢者が気をつけなくてはいけないのが、**「よいおじいちゃん」「よいおばあちゃん」を演じすぎて、ストレスを溜めてしまう**ことです。

たとえば、お嫁さんが作った料理が口に合わなかったときは、ひと昔前の舅《しゅうと》や姑《しゅうとめ》さんなら、「こんなもの食べられん！」とか「作り直しなさい」と言ったでしょう。しかし今どきこんな文句を言ったら、息子に叱られるか、嫁が実家に帰ってしまいます。

それを知っているだけに、**味付けの濃いものを無理して食べたり、**「食欲がないから」と嘘をついて、漬物や味噌汁だけで食事を済ませてしまう高齢者も少なくありません。

また「手足の先が冷えやすいので、布団に入る直前に風呂で温めたい」と思っても、子どもなど家族が多ければ、それを言い出せずに我慢してしまうお年寄りもいます。

高齢者は「我慢は美徳」と幼いころから叩き込まれていますから、**「自分さえ我慢すれば丸く収まる」と言いたいことを飲み込んでしまう**傾向があるのです。

しかし、我慢が限界に達すれば体調を崩す危険もありますし、不満がいっぺんに怒りとなって爆発したり、過度なストレスが原因で、**精神的に「うつ」を発症してしまう**場合もあります。

さらに、お年寄りの遠慮を若い世代が負担に感じ、互いにストレスを溜めてしまうケースもあるのです。だからこそ、「こうしてほしい」「こんなふうにしたい」という気持ちがあるのなら、**腹の探りあいをするのではなく、とりあえず口に出してみませんか。**

もちろん、押しつけや強要はいけませんが、提案や希望という形であれば問題ないでしょう。話し合うことで互いの理解を深められますし、一人で悩んでいたのが馬鹿らしくなるくらい、思いがけない問題解決の手段が見つかるかもしれません。

家族といえども、相手の心の中までは見えません。必要なことは、きちんと口に出して伝えるようにしましょう。それが結果として解決に結びつかなかったとしても、**「言うべきことは言った」と納得できれば、ストレス解消につながる**のです。

「孫の人生」に責任をもつのは親か、祖父母か？

年を経て授《さず》かった孫の可愛さはひとしおで、それこそ「目に入れても痛くないほど」といいます。でも溢れる愛情に任せて孫を溺愛《できあい》すると、子ども夫婦に煙たがられたり、嫁との関係が不味《まず》くなったりする場合も多いのです。

昔から**「おばあちゃん子は三文安《さんもん》い」**といわれるように、祖父母に甘やかされて育った子どもは、人に対する依頼心が強かったり、自立心が弱かったりする面があります。とくに**子どもの教育に熱心な夫婦の場合、祖父母に対する依存を嫌う傾向が強い**ようです。

そこで思い出してみてください。

自分が初めて子育てをしたとき、義父母や実の両親が子育てに対して差し伸べてくれた協力の手を、すべて「ありがたい」と受け止められたでしょうか。

もちろん、そのほとんどが自分たちの子育てに役立つもので、大きな感謝に値するものだったでしょうが、なかには**「あまり干渉しないでほしい」**とか**「自分の教育方針を押しつけないで」「余計な口出しはやめて」**などと感じたことはありませんか。

もしそんな経験があったのなら、おそらく孫の親である子どもさんや、お嫁さん（お婿《むこ》さん）も同じように感じているのではないでしょうか。

そして忘れてはいけないのが、**孫のこれからの人生に責任をもつのは、あなたではなく、その両親**だということです。

だから祖父母は子育ての「コーチ」でも「監督」でもなく、困ったときや助けが必要なときに力を貸すことができる強力な「応援団」であると自覚すれば、子育てに対する無用な摩擦や衝突も避けられるはずです。

この基本姿勢を忘れて、「こうしたら喜んでくれるはず」「これ（高額な品）をあげたら孫の笑顔が見られる」「こうすれば孫の将来に役立つ」などと思い込んで、勝手な親切を押しつけると、善意から出たことでも有難迷惑《ありがた》になりかねません。その一時はよくても、**後々の影響の責任をずっと取らなければならないのは、やはり子どもの親**だからです。

ですから、自分では小さなことと思うときでも、「こうすれば便利じゃない？」「これを

○○ちゃんにあげてもいい？」「何か手伝えることはある？」などと声をかけてから協力すれば、思わぬトラブルは回避できるでしょう。
愛する孫だからこそ、教育方針の違いや価値観の違いによって**子ども夫婦との不協和音**を生まぬよう、子育ての環境を風通しのよいものにすることが大切です。

「外国人の嫁」だと思えば、許せることもある

久しぶりに会った友人に、

「うちの嫁は何を考えているのか、さっぱり分からないわ。まるで宇宙人みたいよ」

と愚痴《ぐち》を言ったところ、

「あら大変ね。うちなんか外国人の嫁ですもの。**分からなくて当たり前だから、かえって気が楽だわ**」

と応じられて「なるほど！」と納得した奥様がいましたが、この話には嫁との間に問題を抱える舅や姑が、心に留めてほしい人間関係のヒントがあります。

姑が嫁に対してもつ不満は、「だらしがない」「気が利かない」「要領が悪い」といった

生活態度や手際の悪さについてのものから、「あつかましい」「わがまま」「冷たい」など本人の性格に関するものまで実にさまざまです。

しかし、**その不満のほとんどが自分の考える「理想の嫁」像に照らし合わせて出てくる**のではないでしょうか。

つまり初めから「うちの嫁ならば、これくらいはできて当たり前」「この程度の要求に応えられないのでは情けない」「私を常に立ててくれる」といった**高いハードルを設けてその基準を満たさないと不服に思う**ことが、嫁とのトラブルの原因を作るのです。

では、もし息子の嫁や娘の夫が、まだ日本語や日本の生活習慣をあまり理解できない外国人だったらどうでしょう。

あなたは、「○○ができて当たり前」「○○は知っているはず」という先入観をもたず、**もっと素直にその人を受け入れることができた**かもしれません。

最初から外国人と接するつもりなら、「分からなくて当たり前」「知ってるはずがない」が基準となり、普通なら不満に思う事態が起こっても「外国人なら仕方がない」「むしろ自分が協力してあげなくては」というふうに相手を許せて、**ごく自然にサポート役を引き受けることができる**のではないでしょうか。

「どうしても理解できない嫁は、外国人だと思え」と言うと極端に思えるかもしれませんが、要は一つ一つの事柄に高いハードルを掲げて、いちいち目くじらを立てるのではなく、お嫁さんの性格や行動全体を大らかに受け止めるようにすると、摩擦の解消に役立つということです。

もちろん、話し合って日々の問題を解決できればいちばんよいのですが、**「もうお手上げ」「とても我慢できない」**と悩んだときは、この方法も思い出してください。

頼られるのは嬉しいけれど、「家族の犠牲」になってはダメ

最近では、出産しても専業主婦にならず、育児休暇を取ったのち仕事を続ける女性が増えています。また、子どもがある程度の年齢に達すると、アルバイトやパートタイマーとしてふたたび働きに出る人も多いでしょう。

働きに出る際には、子どもをどこかに預けなくてはいけませんが、日本ではそうした福利厚生がまだまだ充実しておらず、保育園や託児所は数が少ないため簡単には入れませんし、ベビーシッターを頼むにも高額の料金が発生します。

さらに、**持病のある子どもを預かってくれる場所**となるとかなり限られており、母親が働く状況はとても厳しいものです。

そんなときに頼りにするのが、自分たちの親です。孫からすると、おじいちゃん、おばあちゃんですね。

まだ仕事をもっていたり、自分で商売をやっている人を除くと、高齢者は「時間をもて余している」と見えますし、**身内に預ければ安心なうえにお金もかかりません。**

さらに「昼間は○○と○○を食べさせて」「お昼寝の時間は○時にして」「必ず散歩に連れていって」などといった**細かい注文も言えます。**

これがベビーシッターであれば、一つ用事を頼むごとに、追加料金が発生しかねません。つまり働く女性にとって、小さな子どもを遠慮なく預けられるおじいちゃん、おばあちゃんの存在は大変ありがたいものです。

仕事を引退した高齢者にとっても、家族のために何かできれば、それが**生きがいになる**かもしれません。可愛い孫との時間を過ごしながら、息子や娘にも感謝してもらえるなら両者がともに幸せな状態です。

ただし無理は禁物です。**「孫の世話は小さいうちだけ。何年も続くわけじゃないから」**

と、**自分の生活や楽しみを後回しにする人**もいますが、**あなた自身も年をとっていく**のです。いつまでも元気でいられるとは限りませんし、そうこうしているうちに体調を崩し、**老後の予定が狂ってしまうケースも多い**のです。

また、「おばあちゃんは子育てのプロ」などといいますが、自分の子どもを育てたころとは**体力がまるで違います。**「遊んで」とせがんだり、大声をあげて泣いたり、あちこち走り回る孫を追いかけるのがやっとで、**疲れて目を離してしまう時間**も増えるでしょう。そう考えると、責任をもって子どもを危険から守り切れるといえるでしょうか。

祖父母が「子育てのプロ」というのは間違っていませんが、**「託児のプロ」ではないこと**を覚えておいてください。

だからといって、「高齢者は孫を預かるべきではない」というのではありません。自分の無理のない範囲で、**あくまで「楽しみ」として預かる**のなら問題ないでしょう。

そのためには、あなたのスケジュールを相手に伝え、自分が疲れているときや用事があるときは、そちらを優先して構わないのです。

祖父母は「孫の応援団」。**育児全般にまで責任をもつ必要はありませんし、「家族の犠牲」になる理由はどこにもありません。**

同居生活でかえって「孤独」を味わうことも……

家族と同居しているお年寄りは往々にして、**「息子さん（娘さん）といっしょだから、安心よね」**とか**「子どもさんと暮らすといろいろと楽でしょ」**などと、周りからうらやましがられることが多いのではないでしょうか。

確かに、子ども夫婦と同居していればよい面も多々あるでしょう。家族が多ければ家の中がにぎわいますし、小さな孫がいればそれだけで空気が明るくなります。

また、東日本大震災のような災害を目《ま》の当たりにすると、高齢者だけで暮らすよりも、若い人たちといっしょに暮らしているほうが心強く感じるはずです。

しかし**同居しているお年寄りがすべて幸せかといえば、そうとは言い切れません。**まず現役の世代とは「生活のリズム」がまったく異なります。

子ども夫婦や孫たちは、朝起きると慌《あわ》ただしく仕事や学校に出かけていき、帰宅するはとっぷりと日の暮れた夕方か、下手すれば深夜に。

加えて、それぞれのスケジュールに追い立てられているために、夕食の時間になのんびり家族だんらんの時間もとれず、**年寄りはただ家事を手伝ったり、留守を守るだけの存在になってしまうケース**もあるからです。

また子ども夫婦との仲が良好ならいいですが、関係がこじれてしまい、同じ屋根の下に住んでいるのに一日の会話が「おはよう」「おやすみなさい」の**あいさつ**と、「ご飯です」「お風呂どうぞ」の**決まり文句だけ**ではあまりに寂しすぎます。

「孤独は山になく町にある」という言葉のように、仮にたくさんの人に囲まれていても、**自分がその人たちと交流がなければ、より強く孤独や虚しさを感じてしまうもの。**

そうした立場に追いやられると、逆に老夫婦だけの世帯や一人暮らしのほうがかえって気が楽で、うらやましく思うようになるかもしれません。

このように、物事には必ずよい面と悪い面が存在します。同居生活も同じで、どうしてもメリットとデメリットが生じます。**「そろそろ親父たちも年だから、いっしょに住まないか？」**などと声がかかったとき、嬉しさのあまり深く考えず同居になだれ込んでしまうと、後悔する場合もあるのです。

とくに伴侶《はんりょ》を亡くして一人暮らしになった高齢者は、**子ども家族の生活パターンをよく知ったうえでどうするかを考える**といいかもしれません。

もともとの住まいが近隣でどちらかの家に住むにせよ、いざ同居を始めて残りの家を処分してしまえば、子どもたち家族を追い出すわけにも、自分が出ていくのも簡単ではないからです。

「子どもや孫といっしょに暮らす生活は、こんなにつらいものではなかったはず……」と後悔しないためにも、同居を始める前に、子ども夫婦の家に何度か泊まってみましょう。

それも気を遣って週末や祭日といった休みの日に泊まるのではなく、**あえて忙しいウィークデイを選ぶ**のです。平日の家族の出入りや、生活サイクルを知ると、同居した生活のイメージを描きやすくなるからです。それからよく話し合っても遅くはありません。

息子のお嫁さんに「自分の姿」を投影するなかれ

死に際を迎えたとき、男性の多くは妻に看取《みと》られて亡くなりたいと考えます。しかし女性の場合は、**夫に看取られるよりも子どもたちに看取られたい**という人のほうが多いようです。

このことはさまざまに解釈できますが、やはり父親より母親のほうがお腹を痛めた分、

自分の子どもへの思いが強いという意味なのかもしれません。

俗にいう嫁姑問題も、この母親の愛の深さが根底にあるケースが圧倒的に多いようです。手塩にかけて育てた息子が結婚して、幸せな家庭を築いてくれるのは嬉しいものの、それ以上に**「大切な息子を嫁に取られた」**という複雑な思いが強いと、そこには大きなストレスが生まれます。

「坊主憎けりゃ袈裟《けさ》まで憎い」のことわざにあるように、嫁のひと言ひと言が嫌味に聞こえ、一挙手一投足が癇《かん》に障《さわ》って仕方がありません。そして**「どうして私の息子が、こんな女と結婚しなくちゃいけないのよ。まったく釣り合わない」**という不満が渦巻くのです。

それだけでも大変なストレスなのに、「追い打ち」をかけるのが息子の対応です。

たとえば、お嫁さんについて息子に意見したところ、「あいつなりに一生懸命やってるんだから、余計なことは言わないでほしい」とか「俺たちの生活になるべく口を出さないで」など、嫁を擁護《ようご》する答えが返ってきたとしましょう。

息子のためを思って言ったのに、母親としては見捨てられた気持ちになるのではないでしょうか。そして「嫁と私どっちが大切なのよ」と叫んでしまうかもしれません。

けれども、**それは心の中に「自分は何があっても子どもの味方。そして子どもは何があ**

っても親（私）の味方」という思いが無意識にあるからです。

少し落ち着いて、別の考え方をしてみましょう。

もしその場で息子さんが、母親といっしょに「そうだよな」と、お嫁さんの悪口を言ったとしたら、その場は丸く収まるかもしれませんが、これを聞いた奥さんとの関係は破綻《はたん》してしまいます。だからこそ、息子さんは「口出し無用」と言ったのでしょう。

母親は、息子のお嫁さんに「自分の姿」を投影して、「あれが足りない」「これができていない」**「自分だったらこうするのに……」**と文句を言いたくなりますが、当然のことながら嫁と姑は別人格です。

できることも考え方も、何もかもが違うのです。そして、お嫁さんを伴侶に選んだのは息子さんなのですから、その事実をしっかりと受け止めてあげるべきです。

子どもが結婚して自分の世帯をもったら、その家庭を守るのは当然のことです。「嫁に取られた」「息子がそそのかされている」などと考えると、**それは離婚でもしない限り延々と続く**わけですから、果てしないストレスにこっちが参ってしまいます。

そんなときは、「自分の家庭をちゃんと守れる立派な子どもに育った。それを育てたのは私なんだ」と息子の成長を誇りに思うようにしましょう。

夫に「昼食」ぐらい自分で作ってもらおう

夫が定年退職を迎えたとき、妻の多くはこう思うそうです。

「ああ、明日から旦那の昼ご飯を作らなきゃ。憂《ゆう》うつ」

また、妻が午前中に出かけると必ず**「何時に帰ってくるの? 俺の昼ご飯は?」**と声をかけてくる夫もいて、これが腹立たしく感じてストレスになるという人もいます。

夫からすれば、妻だって昼ご飯を食べるはずだから、いっしょに自分の分も作るのが面倒な理由が分かりませんし、**「出かけるのなら、俺の昼ご飯を準備していくのは当然じゃないか」**と思うかもしれません。

しかし、妻には妻の言い分があります。というのも、仕事中の夫は想像もしなかったかもしれませんが、奥さんがひとり自宅で昼食をとる場合、**「朝ご飯の残りで済ませる」「冷蔵庫にあるものを適当につまんでおしまい」**などが多いのです。

夫のご飯となれば、それなりのメニューを作らなくては**「なんだ、この手抜きは!」**と文句を言われるかもしれません。負担に感じる理由はそこにあります。

さらに「ゆっくり外出したいのに、夫が家で昼ご飯を待っていると思うと落ち着かない」「仕事を辞めて家で何もしていないのに、ご飯を作ってもらうのを当然と考えている夫を見るとストレスが溜まる」という人もいます。

そのため妻は、**昼食時になると急にイライラしたり、胃が痛くなったりする**のです。さて、このストレスはどうやって解消すればいいのでしょうか。

答えは簡単。**夫に自分で昼食を作ってもらえばいい**のです。そう言うと、「うちの夫が料理なんて絶対に無理！」という妻側の反論が聞こえてきそうですね。

しかし、誰だって最初から料理ができたわけではありません。毎日の食卓を仕切っている主婦だって、遠い昔は包丁さえ握ったことがなかったはずです。

定年退職した夫は膨大な自由時間を手にしたのですから、それこそ試行錯誤しながら料理を覚えてもらう絶好の機会です。ただ、起き抜けの朝食の準備はせわしないですし、夕食はハードルが高いので、**その間の昼食作りが練習としてはピッタリ**でしょう。**時間もかけられますし、たとえ失敗しても夕食があると思えば気が楽です。**

ただし「もうあなたは働いていないんだから、昼ご飯ぐらい自分で作ってよね！」とか「いい年なんだから、自分のご飯ぐらい作れるようになってよ！」という言い方は好ましくありません。男性としてのプライドが傷つけられますし、それ以前に**「やらされている感」**が強くなってしまいます。

「勉強しなさい」と言われるほど、子どもが勉強嫌いになるように、**夫だって「料理しなさい」と急に強要されれば反発したくもなります。**だからこそ、もっと自然に夫が台所に入れるよう、料理に興味をもつよう仕向ける工夫が必要です。

たとえば、「卵を割ってもらえない？」「野菜を洗ってほしいの」「ジャガイモの皮むきをお願いできるかしら」といった、**最初はできるだけ簡単な手伝い**を頼みます。そして手を貸してくれたことに率直な感謝の気持ちを表わし、ほめ言葉を加えるのがコツです。

「手伝ってもらえて助かったわ。ありがとう。あなたって結構、手先が器用なのね」

「助けてくれてありがとう。初めてにしてはいい手つきでびっくりしたわ」

といった具合です。

人は誰でも心の中で、感謝されたい、誰かの役に立ちたい、自分の価値を認めてほしいと思っています。**仕事を辞めた男性はそうした機会から遠ざかっていますので、**奥さんに感謝の言葉とほめ言葉をストレートにかけてもらえたなら、それだけでグンと気分がよくなります。

すると、次に料理の手伝いを頼むときは、前回よりスムーズに引き受けてくれるでしょう。そして手伝いを繰り返していると、いずれ自発的に**「何かやろうか？」「もっとできることない？」「今日の夕食は俺が作るわ」**と声をかけてくるはずです。

料理は覚え始めると奥が深く、また手順も多岐《たき》にわたるため、ボケ防止には最適です。

こうして、お互いの昼時のストレス解消になれば、妻にも夫にもいいことばかりです。

伴侶との死別――改めて気づくのは友達の大切さです

夫を最期まで看取った妻が元気になるのに対し、妻を看取った夫はがっくり老け込んでしまうといいます。

これは一般的に女性のほうが長寿で、女性は何となく**「旦那のほうが先に逝《い》くだろう」**と心の準備ができているのに対し、男性は漠然と**「妻に看取ってもらえる」**という期待があるからでしょう。

しかし、理由はそれだけではありません。妻が伴侶の死から立ち直れる陰には、親しい友達の存在があるようです。

男性も女性も、人生のパートナーを失えば同様に悲しいでしょう。しかし、**その悲しみを一人で抱えるのと、友達に共有してもらうのとではまったく違います。**

同じような経験や悩みを抱え、ともに涙を流し、親身になって励ましてくれる友人の存在は、深い悲しみを和らげてくれますし、これから気持ちを改めて前向きに歩いていこうという勇気も与えてくれます。

しかし男性の場合は定年退職すると、友達と呼べる存在はいるにはいるけれど、もう何年も会っていなかったり、知り合いや同僚はそれなりにいても**「友達未満」**という人も多いのです。**そのため妻に依存していた割合が大きく、**悲しみの淵《ふち》からなかなか抜け出せず、結果としてしょぼくれてしまうのかもしれません。

一般的に、女性は積極的に友達を作ります。ご近所でも、習い事の場でも、旅行やちょっとした外出先でも、その場その場で気の合う人を探そうとします。

最近はほとんどの人が携帯電話をもっていますから、気が合えばすぐにメールアドレスや電話番号の交換ができます。そういう点で、**今どきの女子学生と年配の女性にはさほど差がありません。**

一方、男性はどうでしょうか。新たな出会いの機会があったとしても「友達になろう」

という気持ちよりも先に、「職業、収入、能力、年齢……。こいつと俺はどちらが格上だろう」と警戒してしまうため、なかなか友人関係にまで発展しません。どうしても、**仕事時代の「上下関係」を気にする癖が抜けない**のです。

けれども老後の人生を迎えたなら、そんな**「ライバル心」**はリセットして、一人の人間として相手と向き合ってみましょう。

友達を作るのは、それほど難しいことではありません。**「仲よくなりたい」**という気持ちさえあればOKです。

病院の待合室、スポーツジム、近所の銭湯、いきつけの喫茶店、ゴルフの練習場……。「この人よく見かけるな」「自分と共通する部分があるかな」と感じられて、**相手に話しかけてみる勇気**がもてれば、友達として知り合う機会・場所はいくらでもあります。

もし**「今さら新しい友達を作るのはちょっと……」**と躊躇《ちゅうちょ》するのなら、昔の古い友達を掘り起こしてみるのはどうでしょう。年賀状だけでつながっている友人や、同窓生に連絡を取ってみるのです。外部との交流が減って時間をもて余している、**何となくさびしい思いをしている男性はほかにも大勢いる**と思います。

年齢を重ねた分、以前会ったときより相手の内面を見る目も養われていますし、肩書が外れたことなどで、昔とは違った思いがけないつきあい方ができるかもしれません。

「察してほしい」気持ちが強まると、自分が苦しくなる

「ちょっと高すぎる」と感じたときに、誰かが気づいて設定を変えてくれたりすると、嬉しいものです。「のどが渇いたな」と思ったときに、すっとお茶が出てきたり、外出先で「暖房の温度がちょっと高すぎる」と感じたときに、誰かが気づいて設定を変えてくれたりすると、嬉しいものです。

日本人はもともと慎み深いパーソナリティーをもっているため、**自分の欲求を口に出して求めるのは、どこかはしたないというか、浅ましい**と感じてしまいます。だからこそ、何も言わなくても他人がそれを察して動いてくれると、とても心地よく思います。

しかし、そうかといって**「察してほしい」気持ちが強すぎるのはよくありません。**なぜなら長年連れ添った夫婦でも、血を分けた親子や兄弟でも、高名な心理学者でも、**相手の気持ちを完全に汲み取ること**など、所詮《しょせん》はできないからです。

こんな例があります。夫に先立たれた七十代の女性が、別に世帯を構えている息子夫婦の家に遊びにいったとき、将来の自分の介護が話題にのぼりました。もう一人暮らしの心

細い状況ですが、女性はお嫁さんに向かって、「**私のことは心配しなくて大丈夫。身体が動かなくなったら施設に行くつもりよ。**みんなに迷惑をかけたら申し訳ないもの。どこかいい施設を見つけなくちゃ」と気丈に話しました。しかしそれは本心ではなく、そんなふうに言えば、お嫁さんも言葉の裏の意味を察して「いいえ、お義母《かあ》さんの介護はできるだけ私が」と言って安心させてくれると期待したからです。

しかし女性の予想は外れ、お嫁さんは「**そうなんですか。分かりました**」と答えたとか。さらに数日後、お嫁さんが何社かの施設のパンフレットをもって家を訪ねてきました。「どこかいい施設を見つけなくちゃ」という、**女性の言葉を額面どおりに受け取った**からです。

あるいはお嫁さんは、女性の真意を察しながらも「そのほうが自分に都合がいい」と考えて、わざと気づかないふりをして既成事実化しようとしたのかもしれません。

このように、**言葉の裏の意味を考えてほしい、何も言わなくても自分の気持ちを察して望むとおりにしてほしい**というのは、とても難しいことなのです。

年齢を重ねると、次第に気力も体力も衰え、相手の気持ちを思いやる余裕が少なくなり、**逆にこれだけ苦労してきたのだから「思いやってほしい」「察してほしい」という願望が強くなりがち**です。

けれども、自分の気持ちはまっすぐ相手に伝えないと、届かないことのほうが多いのです。それが頼みにくいこと、相手に負担をかけると思われることなら、なおさらです。

とくに、**年代の異なる人に「私の気持ちを察して」**というのはかなり厳しい要求です。育った環境や価値観、人生経験も大きく異なるのですから、当然でしょう。

「察してほしい」気持ちが強まれば強まるほど、「察してもらえない」ストレスが生まれて余計に自分が苦しくなります。それが相手に対する不満や怒り、憎しみに変わって普段の態度に表れ、**負のスパイラル**を招いてしまうかもしれません。**まだ何も本心を伝えていない**にもかかわらず、です。

そうならないためにも、**本当に伝えたいことはストレートに言葉にしましょう。**たとえ断られたとしても、言葉を濁《にご》して伝わったか伝わっていないか、いつまでも悶々《もんもん》とするよりは、よほどストレスが少ないのではないでしょうか。

若い世代とのコミュニケーションは、そのほうがうまくいく場合が多いのです。

「友情」も細く長く――お互いに無理が利かなくなっています

世の中には、いろいろな人がいます。

知り合ったばかりだというのに、昔から友達だったような気やすさを感じさせてくれる人もいれば、何年つきあってもご縁がなかなか深まらない人もいます。

それは別に、いいことでも悪いことでもありません。**人によって、おつきあいの距離や親しくなる速度が異なるのは当然**だからです。

けれども、なかには一足飛びに親しくなろうとして、**あれやこれやとデリケートな部分にまで質問を浴びせてくる人**もいますね。

「ご出身はどちら？」「以前のご職業は？」「今はおひとり？　旦那さんは？」「お子さんはどこにお住まいなの？」「何か持病をおもち？」といった具合に。

知りたいことが山ほどあるのは分かりますが、矢継《やつ》ぎ早《ばや》に質問を浴びせられたらまるで尋問を受けているようで、誰だって不愉快な気持ちになるでしょう。

そういう人は、**こちらが聞いてもいないのに、自分の込み入った事情までペラペラとし**

ゃべり、「自分はこんなに腹を割って話したのだから、あなたも包み隠さず教えてくれるべき」と勘違いしている場合があります。

しかし、年をとってからの新しい友達づくりでは、**不用意に相手の事情に深入りしない**ことが大切です。

なぜなら、長い人生を歩んできた道のりには、他人に触れてほしくない部分だってあるはずだからです。**そこにいきなり土足で踏み入ってくるような人**は、「ご縁がなかった」として切られてしまっても文句は言えません。

高齢者同士の友達づきあいは、適度な距離を保ち、**「細く長く」**をモットーにするべきでしょう。お互いに無理が利かなくなっているので、常にベッタリするような濃厚な関係を築こうとすると、**どちらかが先に息切れしてしまいます。**

知りたい情報があるのなら、友達の関係ができあがってから、少しずつ話してくれるのを待ちましょう。それが長続きのコツです。

また若いころのように、自分の意見を相手に押しつけるのも禁物です。

長く生きていれば、自分なりの考え方や価値観が構築されています。それは**すでに揺るぎないもの**になっているので、たとえ友達に「君の考え方は改めるべきだ。○○のほうが絶対に正しい」と諭《さと》されても、素直には従えないものです。

この年で自分の考え方が間違っていたと認めるのは、まるで今までの人生を否定されるかのようで、なかなかつらいものがあります。これは理屈ではなく感情の問題です。

また一方的に贈り物をしたり、飲食や遊興費をおごったりするのもいけません。たとえ相手が困っていても、少しくらいのことなら、**必要以上に世話を焼かないのも長続きの秘訣**です。

「一方からあまり大きな重みをかけると、友情は破壊される」という言葉のように、どちらか片方ばかりが負担を背負ったり、引け目を感じるようではいけません。

「つかず離れず、バランスよく」

この点を肝に銘じておけば、友情は時間をかけて、より深いものになるはずです。

地元の商店を、地域とのコミュニケーションの軸に考える

最近は大型スーパーなどに押されて、あまり元気のない商店街ですが、それでも地域に根ざした地元の商店の底力は、驚くほどたくましいものです。

たとえば、「3・11」の**東日本大震災後にいち早く店を開けて地域の暮らしを支えたのは、小さな商店街や街の専門店**でしたし、顧客の情報を収集して知人に知らせるといった「草の根サービス」に努めたのも地元の商店でした。

そして、お馴染みのお客さんの家をまわって安否を確認したり、身体の不自由な高齢者のために配達したりと、きめ細かなサービスが可能だったのも、長年にわたって築いてきたお客さんとの信頼関係、コミュニケーションがあればこそです。

直接の商品のやりとり以外に交流のない大型店・量販店に対して、個人商店では季節の話題やその日のニュース、身の上話、近所の人たちの状況など、何気ない会話をすることで、自然に**「お店とお客」以上の人間関係**ができあがっていったのでしょう。

確かに、他人との必要以上のつきあいを嫌う人には、家族構成から一日の行動、食べ物の好き嫌いまで知られてしまう地元商店との関係は、多少うっとうしく感じるかもしれません。しかし、**地元の商店を通じた地域とのつながりが、万が一のときの生命線になる**こともあるのです。

とくに地域とのつきあいが少なくなりがちな高齢者にとって、自分の存在を気にかけ、何か生活に異変がないか注意を払ってくれる人がいることは、とても大事です。**一人暮ら**

しの高齢者が社会的な存在感を高めるには、地域とうまくコミュニケーションを取れるかどうかが大きなカギになっています。

しかし、今からご近所や地元の人と仲よくしようと思っても、なかなか親しくできるチャンスは少ないもの。その点、**地元の商店と日々の買い物を通じておつきあいするのは、いちばん簡単で無理のない方法**です。

お店の人と話ができるようになると、同じ馴染みの客同士で自然と会話ができるようになったり、顔見知りが増えて、**交流の輪が徐々に広がっていきます。**

もちろん、こうしたつながりは、すぐにできるものではありません。少しずつ打ち解け合いながら、だんだん強い絆《きずな》が生まれるのです。年をとったからこそ、日ごろから心がけて地元の商店街や専門店に出かけるようにしたいものです。

個人の趣味から、地域との交流へと広がる「オープンガーデン」

最近、あちこちで聞かれるようになった**「オープンガーデン」**という言葉をご存じでしょうか。

オープンガーデンとは、文字どおり**個人の庭を一般公開する**ことですが、その始まりはガーデニングの本場イギリスのようです。

イギリスでは英王室後援の「イエローブック」で、個人の庭三五〇〇ヵ所以上を紹介。それぞれに趣向を凝らした庭を一般に公開して、お客様を招くことがステイタスにもなっているそうです。これにならって、最近は日本でもオープンガーデンの取材記事が雑誌に掲載されるようになってきました。

こう言うと、ずいぶん大げさに聞こえるかもしれませんが、本来のオープンガーデンの趣旨は、**自分の趣味で手入れをしている庭の花や緑をご近所の人にもお見せして、一緒に季節の彩《いろど》りを楽しもう**というものです。

普段から丹精《たんせい》込めて育てた草花の美しさを、自分や家族だけで愛《め》でるのはもったいないと思った人が、「どうぞご覧になってください」とお客様を招き入れるのがオープンガーデンですから、当然、**招くほうも招かれるほうもオープンな気持ち**になっているはずです。

初めは少し勇気がいるかもしれませんが、たとえば梅が蕾《つぼみ》をつける季節なら、「紅梅《こうばい》の蕾が膨らみ始めました。よろしければお近くでご覧ください」

バラの花が盛りを迎えるころなら、

「バラの花が咲き始めました。きれいな色と香りをお楽しみください」

などと書いた紙を庭の表に貼り出せば、興味のある人が訪れるでしょう。**普段からあなたの庭が気になっていた人が、話しかけてくるきっかけになるかもしれません。**


ただし、セキュリティの面から一度室内を通ってからしか庭に出られないような構造の家はオープンガーデンには向きません。玄関脇から庭に出られるか、庭に出入り口のある造りなら、小さなベンチなどを設けてゲストをお招きするといいでしょう。

同じ趣味の人が訪れたなら、草花の手入れや季節のガーデニングについての会話も弾むでしょうし、すぐに打ち解けることができるはずです。


「今度はぜひ、うちの庭にもおいでください」

「株分けしたベゴニアがたくさんあるんですが、差し上げましょうか？」

などと庭を通じた交流が深まるとともに、

「今度ご一緒に、市民会館のさつき展を見に行きませんか？」

「日曜日に山歩きをかねて、野草の採取に行きませんか？」

と、行動半径にも今までにない広がりが出てくるかもしれません。

もしこれまでにも、自宅の前を通りかかった人に「いつもお庭を丹精されていて、素敵だと思います」とか「よく手入れをされて、趣味のいいお庭ですね」などと声をかけられていたなら、オープンガーデンを始める資格は十分です。

また少し広範囲になりますが、**地域によっては「オープンガーデン友の会」といったサークル活動が行なわれている場合**もあります。「自分から始めるのはちょっと……」とためらう人は、インターネットなどで調べてみて、まずはそこから体験してみるのもいいかもしれません。

何よりも**「庭を見れば人柄まで分かる」**といわれるガーデニングですから、「類は友を呼ぶ」で、よい友達が見つかる可能性は高いでしょう。

普通なら相手の性格や嗜好《しこう》を一つずつ探っていかなければならない人間関係ですが、ガーデニングという趣味を共有することで、**その垣根はぐっと低くなるはず。**

自宅の庭を解放するようになってから、「服装にも気を配るようになった」「旦那が家の掃除をするようになった」「ひとまわり以上若い夫婦との会話が楽しみになった」「毎日の暮らしに張りが出た」などと、**ガーデニングの枠を超えて、嬉しい感想をもらす人も多い**ようです。

オープンガーデンに挑戦できるのも、現役を退いて自由な時間が豊富にあってこそ。もともと植木や草花、庭いじりに興味があった人は検討してみてはいかがでしょうか。

「～してあげたのに」が、トラブルのもとになる

「せっかく孫の顔を見にいってあげたのに、うちのお嫁さん、迷惑そうな顔をするのよ」
自発的に何かをしておきながら、相手が自分の思うとおりの反応を示さないと腹を立てる人がいます。**これも高齢者によく見られる傾向です。**

これは、**自分が「年長者である」という意識と、年をとるとどうしても思い込みが激しくなり、周りの状況が見えづらくなっている**ことも理由に挙げられるかもしれません。

もちろん、「他人に対して何かをしてあげたい」という奉仕の精神は尊く、社会生活を送るうえでも大変重要です。けれども**「～してあげたい」人の思いばかり強く、「～してもらう」人の気持ちが置き去りになってしまう**と、そこに新たなストレスが発生するのも事実です。

働きかけた側は、「せっかく～してあげたのに、感謝してもらえない」と不満に感じ、

その働きかけを受けた側は「逆に～してほしくなかった」、あるいは「頼みもしないのに勝手にやって、そのうえ感謝まで求めないでほしい」という反発になってしまうのです。

俗にいう**「小さな親切、大きなお世話」**ですね。

だからこそ、**「～してあげよう」という気持ちが生まれたときには、まず相手の立場になって考えるか、率直に聞いてみるのがいい**でしょう。

たとえば、息子夫婦に子どもが生まれ、初孫ができたとします。

新米ママが一人で赤ちゃんの面倒を見るのは大変だと考えた姑は、「泊まり込みで嫁の手伝いをしてあげよう」と思い、荷作りを始めました。そして、**あらかじめ連絡をするとお嫁さんに気を遣わせるので、何も言わずに息子夫婦の家を訪ねました。**

さてこの姑の行動は、お嫁さんにとってどう映ったでしょうか。

姑からしてみれば、お嫁さんを助けてあげたい、お嫁さんに気を遣わせたくないという善意がもとになった行動です。

しかしお嫁さんにしてみれば、初めての育児で疲れきっているのに、そのうえ姑が泊まり込みで世話を焼いてきたら、姑の食事や寝る場所、家の掃除なども加わって、**手を抜くところや心の休まるときがありません。**

姑は**「嫁は自分の娘と同じ」**と思っているかもしれませんが、現在の結婚は家と家との結びつきといった意味合いが薄く、**「夫の実家の一員になった」**という感覚が希薄な人も多いようです。

それに「義理の親子関係」も、長い時間いっしょに過ごすことで徐々に構築されていきますが、結婚して間がなく、さらに同居でもない場合は**「姑に自分の母親と同様に甘える」というのはかなり無理**があります。

先にも述べましたが、「手伝いに行きたい」と思ったら**自分が年長者だからこそ、まず相手の意向を確認しましょう。**

「ではお待ちしています」「助かります」と返ってきたら行けばいいし、「お気持ちはありがたいのですが……」「そんな悪いですし、大丈夫ですから」と言われたら、潔《いさぎよ》く引き下がればいいのです。

「～してあげる」は時として、親切の押し売りになりかねません。「相手の役に立ちたい」という思いも、言ってみれば自分の一方的な欲求かもしれないのです。

せっかくの善意がお互いのストレスに変わらないよう、自分の都合ではなく相手の立場になって考え、本当に求めているのは何かを察することが大切です。

第３章

心の不安と
どう向き合うか？

遠慮のしすぎで、かえって孤独や不安が増えていく

年を重ねれば、以前は簡単にできていた日常生活のこともだんだん難しくなってきて、**「誰かの手を借りたい」「助けてほしい」**と思うことが増えてくるものです。

しかしそんなとき、「できるだけ周りに迷惑をかけたくない」とか「不便だけど、自分さえ我慢していればいい」「年寄りだから甘えていると、嫌がられるんじゃないか」といった思いが心をよぎって、**自分から助けを求める手を引っ込めているのではありませんか。**

そんな遠慮はまったく必要ないことですし、誰かに助けを求めたからといって、それは恥でも何でもありません。

もちろん、「自分でできることは自分でやる」という自立の精神は、いつまでも持ち続けなければいけませんが、**「何でも一人でやる！」**と片意地を張って頑張りすぎるのは、状況を悪化させ、**かえって周りに迷惑をかけてしまう**ことにもなりかねません。

また、**自分で自分を孤独へと追い込んだり、不安を増やす結果**にもつながります。

赤ちゃんや子どもはもちろん、現役の若い世代でも、自分一人ではできないことがたくさんあります。それを助け合って生きていくのが、家族であり人間社会なのです。困ったこと、自分ではどうしても解決できないことは、素直に「助けてほしい」「相談に乗ってほしい」と頼んでいいのです。

周りの人があなたに無関心に見えて、「助けてと言っても冷たくされるだけ」と不安に思えてならないのは、もしかしたら、あなたが素直に「助けて」と口にしないからだけかもしれません。

あなたが遠慮して黙っていたら、周りの人はあなたが何に困っているのか、それ以前に困っているのかどうかすら分かりません。分からなければ、手の出しようがないのです。前にも述べましたが、**「言わずとも察して欲しい」というのは、ぜいたくな悩み**です。

あなたが口を開いて初めて、何に困っているのか、何をしてほしいのかが分かるのです。繰り返しますが、人に助けを求めるのは、恥ずかしいことでも相手に迷惑がられることでもありません。

あなたが「助けてください」「相談に乗ってください」と真剣にお願いすれば、それが**その人のできる範囲であれば、誰でも快《こころよ》く助けてくれます。**

人間は、他人から真面目な頼みごとや悩みの相談をされると、自分が同じく切羽《せっぱ》詰まった状況にでもない限り、**何とか力になってあげようと思うもの**です。というのも、自分が「ここぞ」というときに相手から頼りにされる存在だと感じられて、嬉しくなるからです。

だから**本当に困ったことがあったら、素直に助けを求めればいい**のです。そして助けてもらったら「ありがとう。お陰さまで本当に助かりました」と心からのお礼は忘れずに。

さらに「このように年をとっておりますので、また何かありましたら、どうかよろしくお願いします」と付け加えておけば、高齢者のお願いごととしては満点ではないでしょうか。

もちろん「遠慮しなくてもいい」とはいっても、**ただ自分が楽をしたいだけの頼みごとは絶対にやめましょう。**それはやはり「年寄りの甘え」「わがまま」「自分勝手」と受け取られて、だんだん周りから敬遠されてしまうのが目に見えています。

そうなれば、自分が本当に困ったとき、誰も話を聞いてくれなくなってしまいます。

こうした最低限のマナーを踏まえて、気軽に何でも頼める人をたくさんもつようにしておくべきで、そのためには日ごろのつきあいが大切です。

人柄で好かれていると「よし、あの人のためなら何かやってあげよう」と損得抜きで思

ってもらえます。逆に助けてもらってばかりでなく、困った人から頼みごとをされたら自分ができる限りのことをしてあげるのも、人づきあいの基本です。

普段から人のために動いていれば、いざ自分が困ったときにも、人に頼みやすいもの。断られるのが怖くて頼めないと不安な人は、ひょっとしたら普段、自分が周りに冷たい対応をしていることの裏返しの心理なのかもしれません。

まとめると、自分でできることは自分でするが、決して無理はしない。できないことは遠慮なく助けを求める。分からないことは、一人で悩まず信頼できる人に相談してみる。当たり前のことのようですが、これがちゃんとできるだけでも、**人より余計な心配を抱え込まずに生きることができる**のです。

「上手な愚痴は元気の素」——自分に溜め込まず、相手に迷惑をかけず

まるで生産性のないエンドレスの愚痴を他人から聞かされ、こちらの気分までどんより沈んでしまった、イライラが移ってしまった経験は誰にでもあるでしょう。

「年をとると愚痴が多くなる」とよく嫌がられますが、**その反動か、「愚痴をこぼすのは**

相手に迷惑だ」と、最初から吐き出したい気持ちをグッと堪《こら》えている人も少なくないのではないでしょうか。

確かにそのような心持ちは立派ですが、吐き出すことなく心に溜まった鬱憤《うっぷん》はストレスの大きな原因になります。

いつまでも気にするあまり、だんだん心が内向きになって、これから起きる楽しいことも嬉しいことも感じられないようになってしまいます。**このことは「気持ちの老い」を引き起こし、高齢者の「うつ」を招いてしまう原因**かもしれません。

愚痴はあまり我慢せず吐き出しましょう。誰だって愚痴の一つや二つあるのが当たり前で、別に恥ずかしいことではありません。ときどき愚痴を言ってガス抜きをするのが「元気の素《もと》」であり、問題はその吐き出し方なのです。

まず、誰かれ構わず愚痴を言うことはできません。やはり**「愚痴友達」**とでも呼べるような、お互い気兼ねなく言い合える友達を作っておくべきでしょう。

できれば、自分と境遇や価値観が似通った人がいいと思います。歩んできた道筋が似ていれば、**細かい説明をする必要もなく、共感を得られやすい**からです。年をとってからもそういう友達に恵まれるのは、本当に幸せなことです。

また愚痴の内容によっては、聞いてくれる相手を変える配慮も大切でしょう。そして、愚痴を聞いてくれるからといって、延々と話し続けるのは絶対によくありません。相手にだって都合がありますし、共感してくれやすいとはいえ、前向きではない話を長時間聞かされては、気が滅入ってしまいます。

要するに**愚痴というのは、聞かされる相手にストレスを与えてまで、自分のストレスを発散しようとすることが迷惑**なのです。

だいたい十分くらいを目安にして愚痴は切り上げ、次の前向きな話題に移るのがいいでしょう。電話ならそこで切るタイミングです。

そして忘れてならないのは、相手への配慮と感謝の気持ちを伝えることです。

「ごめん。愚痴になっちゃうけど、聞いてくれない？」と最初に切り出して相手の感触を確かめ、最後は「下らない愚痴を聞いてくれてありがとう。何か言ったらスッキリした」と、**相手の貴重な時間を奪ってしまったことを謝り、聞いてくれた思いやりに感謝すること**が大切です。

ところが、なかには自分が繰り返し愚痴を言っていることに気づかず、**普通の話をしているだけ**と思い込んでいる人もいるようです。こういう人は、だんだん周りから敬遠されるようになりますが、本人としてはその理由が分からず、**「どうして誰も私の話を聞いてくれないの？」**と落ち込んだりします。

また、同じ愚痴でも**「私は悪くない。悪いのはみんな周り」**といった一方的な話ばかり繰り返されると、聞いているほうは**「あなたにも悪いところがあるでしょう」**とイライラしてくるものです。

もしあなたが、子どもや兄弟、親戚、友達に電話しても**「あっ、ちょっと用事があるから……」**と話の途中で切られることが増えてきたら、知らず知らず相手に迷惑がられていると考えたほうがよいかもしれません。

「長電話」「私は絶対に悪くない」「同じ話を何度も繰り返す」など、心当たりがないかを確かめてください。

あるいはもしかしたら、あなたは愚痴を言うばかりで、**相手の愚痴を聞いてあげること**をしていなかったのかもしれませんね。

友達ならもちつもたれつ、自分の話ばかりしないで相手の話も聞くのが、関係を長続きさせるコツです。**「七対三」の割合で、相手の話を多めに聞く心持ちでちょうどいいくら**いです。多分、それで**向こうは「五分五分」と感じている**でしょう。

相手の愚痴を親身になって聞くときは「そう、分かるわ。大変ねぇ」と相づちを打つだけで傾聴《けいちょう》に徹して、**なるべく余計な言葉や自分の意見は挟まないことが基本**です。相手に気持ちよく思いのたけを全部吐き出してもらうのです。

年をとると、日常の些細《ささい》なことでも、イライラを感じることが増えるもの。このように節度のあるやり方で上手に愚痴を吐き出せれば、お互いに気持ちが切り替えられ、明日への活力が湧いてくるでしょう。

「自分の遠くない将来」──介護不安は、先延ばしにせず相談を

介護保険による介護サービスを受けるには、まず**介護認定の申請**をして「要支援」なり「要介護」の認定が下りなければなりません。

次にケアマネージャーと相談して、どのような介護サービスを受けるべきか、**ケアプランを作成する**必要があります。

「要支援」認定の場合は、市区町村の**「地域包括支援センター」**が介護予防ケアプランを作成してくれます。自分の住んでいる地域のセンターがどこにあるかは、市区町村の担当

窓口に問い合わせれば、すぐに分かるでしょう。

地域包括支援センターでは、ケアプラン作成のほかにも、介護保険に関する相談・申請手続き、ケアマネージャーのサポート、高齢者の権利擁護など、**比較的元気なお年寄りの自立支援**を業務にしています。

そして「要介護」認定の場合は、都道府県の指定を受けている**介護サービス事業者（居宅介護支援事業者）**に連絡して、ケアプランを作成してもらいます。

この居宅介護支援事業者には、NPO法人が運営している事業所、医療機関に付属した事業所、介護施設と一体となった事業所など、さまざまな種類があります。

どの事業所が自分のニーズに合っているか、インターネットでサービス内容などを調べたり、すでにサービスを受けている人から評判を聞いてみたり、実際に事業所をのぞいてみて、その雰囲気を確かめてみるといった**リサーチを十分にしておくことが、失敗しない事業所選びのコツ**といえるでしょう。

またケアプランを作成するときは、自分の要望を十分に伝え、納得のいくまで相談することが重要です。**すべてはケアマネージャーとのやり取りにかかっている**といっても、過言ではありません。

その地域の介護サービスについて幅広い情報をもち、介護サービスを受ける人や家族の立場、心情を細かく思いやることができるケアマネージャーと出会えるかどうかで、**サービスの満足度がかなり違ってくる**のが現実です。

どうしても納得のいかないとき、うまくコミュニケーションが取れないと感じるときは、遠慮せずケアマネージャーを替えてもらうことも、頭に入れておいたほうがいいでしょう。

本当に信頼できるケアマネージャーが得られれば、今は元気でも「介護度」が上がったときにどのようなサービスを受けられるかなど**先々の相談もでき、将来への不安も少なくなる**はずです。

また、今は自分も配偶者も介護サービスを利用する必要がなかったとしても、いざそうなったときに慌てないため、元気で体力も気力もあるうちに、自分の住んでいる地域ではどのようなサービスが受けられるか、事前に調べておくことをお勧めします。

そして、将来はどのようにしたい（してほしい）のかを家族に伝え、理解と協力を得ておきましょう。**老後の準備は早ければ早いほど、後々になって安心できます。**

地域の老人保険施設、特別養護老人ホーム、デイサービスセンター、ショートステイセンターを見学したり、利用者の話を聞いておくとよいのではないでしょうか。また、民間の高齢者施設も調べておくと選択肢が広がります。

ほかにも**介護機器のレンタルや配食サービス、家事サービスなど、介護保険のサービスで利用できるものは事前に調べておくと、より安心です。**

介護の相談ができるのは、前記の地域包括支援センターのほか、市区町村の介護保険担当窓口または福祉課、社会福祉協議会、民生委員などたくさんあるので、何か気にかかることがあれば、遠慮せず一度訪ねてみるとよいでしょう。

そして、**最後は施設に入所する場合**のことも考慮しておくべきです。介護保険の適用となる施設は、だいたいが**順番待ち**となっていることが多く、**地域によっては何年も待たされる**など、いざというときすぐに入所できるとは限りません。

保険適用外の高齢者介護施設——たとえば有料老人ホーム、ケアハウス、高齢者専用賃貸住宅などは高額ですから、そこを利用するかどうかは別としても、サービスや費用面などを前もって調べておくと、長期的な計画が立てられるでしょう。

行政をとことん利用することで、ストレスを減らせる

最近はどの自治体も、高齢者に対する福祉サービスに力を入れています。階段の手すりや浴室の滑り止めなど、高齢者が住む住宅のバリアフリー化にともなう費用補助、自炊が困難な人には食事の宅配サービス、高齢者を訪問して話し相手になってくれるボランティアの派遣など、実にさまざまなメニューがあります。

こうしたサービスは、決して「施《ほどこ》し」ではありません。**行政が行なう「サービス」**なのです。長期間の病気やケガ、寝たきりなどにならず、元気で暮らす高齢者が増えれば、**それだけ介護サービスや医療保険への支出が減少する**ので、行政としても助かるわけです。

ですから遠慮せず、必要なサービスはどんどん利用しましょう。

ただし、このような行政サービスは**「自己申告」によって受けられるものが多いので、知らないと補助を受けられない**場合があります。まさに**「知らぬが損」**で、もったいないことになってしまいます。

自分の住んでいる地域の行政がどんなサービスを提供しているか、面倒がらずに一度、

情報をチェックしに役所へ行ってみてはどうでしょうか。

また、もし現実に困ったことがあるのなら、窓口で相談するといいでしょう。

いきなり役所に相談するのは抵抗があるという場合、まず**町内の民生委員に相談してみるのも手**です。民生委員は、地域の中で住民の相談に乗ったり、要望などを住民の立場に立って各関係機関に伝えてくれたりします。

とくに**高齢者や障害者などの家を訪問して、相談に乗ったり支援したりするのは重要な仕事**になっていますので、親身になって相談に乗ってくれるでしょう。

もし誰が民生委員なのか知らないという場合は、近所を散歩した折などに、表札の横に「民生委員」と書かれた札がかかっている家を探してみたり、町内会長などに直接尋ねるのがいいと思います。

また、市町村にある**社会福祉協議会**では、高齢者が社会的な不利益を被《こうむ》らないように生活をサポートするサービスを提供しています。

くわしくは後の章で述べますが、大きく分けると次の二つです。

判断力の低下した高齢者が、住み慣れた地域で安心して自立した生活を送れるようにサポートする**「日常生活自立支援事業」**と、論理的な判断ができなくなってより手厚い支援が必要になったときのための**「成年後見制度利用支援事業」**です。

判断力が衰えてきてはいるが、まだ契約を結ぶかどうかなど重要なことは大丈夫という人なら、まず日常生活自立支援を受け、のちに成年後見制度へと移ることも可能です。

今はこのような制度を利用する必要がなくても、**そのような支援があること**を知っているだけでも心強いでしょう。

ゆっくり朝食を味わうのが、いちばんぜいたくな時間

仕事をもった現役時代は、慌ただしい朝を過ごしてきた人が大半でしょう。

平日は朝食をゆっくり味わうことなどまったくなく、ただ口に放り込むだけ。下手をすると朝食抜きで出勤していたのではないでしょうか。

朝食は身体と心にエネルギーを与え、一日にリズムをつけるための大切なものです。決して疎《おろそ》かにしてはいけません。

また、**目覚めたばかりの脳は酸素不足のうえに栄養不足**です。つまり、とてもお腹が減っている状態です。脳のエネルギー源はグリコーゲン、すなわちブドウ糖だけですから、

朝食には果物や炭水化物などを摂るといいでしょう。

さらに良質のたんぱく質にも、ストレスを忘れさせてくれる深い鎮静作用があります。だから朝食には、**十分な糖分と良質のたんぱく質を組み合わせるのがベスト**といえます。

こうした栄養を取り込むことで、脳は生き生きと目覚め、朝からフルに活動が行なえるのです。

また皆さんは旅行に出かけ、ホテルや旅館などで朝食のテーブルについたとき、**「なんてぜいたくな朝食なのだろう」**と感動した経験があるはずです。

和食なら魚の干物に納豆、生卵、海苔《のり》、野菜のお浸しに味噌汁とほかほかの白いご飯、洋食ならオムレツやベーコンエッグ、ソーセージ、たっぷりの野菜サラダ、フレッシュジュースに果物、焼きたてのパンに香ばしいコーヒー……。

けれども、考えてみれば一品一品はそれほどゴージャスなわけではありません。では、なぜぜいたくに感じるのでしょうか。**それは忙しい日々を離れ、たっぷりと時間をかけて味を楽しみながら食べられる開放感からにほかなりません。**

正直な話、旅行先で出される朝食程度なら、自分の家で作ることができます。ただし、楽しみながら朝食を作り、味わいながら食べる。これは、現役時代にはなかなかできなかったことです。今は時間を気にする必要はありません。ゆっくりとぜいたくな時間を過ごしましょう。

もう一つお勧めなのは、**朝日を十分に浴びる**ことです。

旅行先のホテルで、気持ちのいいテラスで朝食をとれば、それだけで豊かになった気分になります。それは朝日を浴びると、**セロトニンという脳内物質**が分泌されるからです。このセロトニンは**元気や明るさ、活力の素**になってくれるものです。

天気のよい日は、家でも朝食のテーブルを窓際にもっていき（見晴らしのいい景色やきれいな庭があれば最高ですが）、自分で作った朝食をゆっくり味わう。そうすれば頭にも心にもゆとりが生まれ、昨日までのストレスもなくなっていくでしょう。

定年後に不規則な生活を続けると、どんどん自分が不安になる

リタイア後のいいところは、**いつ起きて、いつ食事をして、いつ寝ようが、まったくの自由**という点にあるでしょう。

多少、奥さんに嫌な顔をされるかもしれませんが、現役時代に時間に追われる生活を送

ってきた人にとっては、まるで天国にいるような気持ちになるかもしれません。

しかし昼前後に起き出して、冷蔵庫の残り物を食べ、テレビを見て過ごしているともう夕方。気がつくとパジャマのまま着替えてもいないし、ましてや髭《ひげ》も剃っていない。もし今、玄関のチャイムが鳴って宅配便でも来ようものなら、応対に出ることもできないでしょう。**結局、そのまま夜を迎えて何となく一日が終わる——。**

そんな毎日を繰り返していると、「今日は一体何をしていたんだろう。自分が生きていようがいまいが、世の中には何も関係ないじゃないか」と気分が落ち込んでしまうのではないでしょうか。

このように、**自由な時間がもてるのと、それを怠慢に過ごすのとは違います。**仕事など**外部から自分の生活を律する存在がなくなった以上、自分で自分にケジメをつけないと、どこまでも歯止めがなく落ちていくようで不安になりますし、**結局はそのほうがストレスも溜まっていきます。

今までは「受動的」な生活が多かったかもしれませんが、これからは**自分自身が一日にやることを考えて「主動的」に動いていかなければ何も起こらない**のです。

まず、毎日のだいたいの時間を決めておくことが大切です。起きる時間、寝る時間、食事の時間などです。それに関連して日課も決めておくとよいでしょう。

たとえば午前中なら、朝起きて新聞を取りにいって、朝食を食べながら読む。そして朝風呂を浴びたら髭を剃って着替えをし、少し散歩に出かけるなどです。

このように**日常のルーティンな時間割ができたら、生活にリズムが出てきます。**

次は、その間を埋めるべく有意義な時間の過ごし方を考えてみましょう。

まず、趣味の庭いじりや読書をするとか、体力維持のためにジムに通うとか、ゴルフの練習に出かけるとか。あるいは温泉旅行に行く、観劇に出かける、久しぶりに友達と会うなど、**やってみたいことを何でも片っ端から書き出してみます。**

第1章で述べた「最初の一歩は『自分の思い』を紙に書き出すことから」を読み返してみてください。すると毎日やること、週二～三回が目標のもの、すぐに実行できること、かなり準備期間が必要なもの、お金を貯める必要があるものなど、いろいろ出てくるはずです。

それらを一つ一つ実現を目指しながら考えれば、**「中長期的」な計画を立てる**ことができます。すると**一週間先、一ヵ月先、三ヵ月先、一年先の自分の生活と目標が想像できる**ようになり、気持ちに張りが戻ってくるのではないでしょうか。

それができるのも、根本的には毎日の生活リズムがきちんとしているからです。

仕事をリタイアしたからといって、人生までリタイアしたわけではありません。**生活のリズムは、一日の達成感をもって人間らしく生きていくための基本**と心得るべきではないでしょうか。

眠れない高齢者にうってつけの「深夜ラジオ番組」がある？

高齢者の悩みの一つとして必ず挙げられるのが、**睡眠の問題**です。

「なかなか寝つけない」「眠っても何度も目が覚める」「うつらうつらしているうちに朝になった」――そんな経験は誰にでもあるはずです。

年を重ねると、若いころと同様に布団に入った途端にバタンキューで、朝までグーグーというわけにはいきません。

人間の眠りと成長には密接な関係があって、若い人ほど「深く長く」眠れるようになっているのです。それは、生まれたばかりの赤ちゃんが一日のほとんどを眠って過ごすのを考えればお分かりになるでしょう。

しかし、いくら年をとって「それほど眠らなくても大丈夫な身体になった」といっても夜中、真っ暗な部屋の中で目を覚ましているのはつらいものです。

隣の部屋から家族の気持ちよさそうな寝息やイビキが聞こえてきたら、**真夜中の世界に一人だけ放り出されたような孤独感を覚える**かもしれません。

だからといって電気をつけて本を読む気にもなれず、真夜中では見たいテレビもないでしょう。また、灯《あか》りをつければ家族が気にして迷惑がかかるかもしれません。

そんなとき**案外役立つのがラジオです。**小型のラジオなら枕元にも置いておけますし、イヤホンをすれば、周囲で眠っている人にも迷惑をかけません。

「深夜のラジオ放送なんて、若い人たちが聴くものだろう」と思われるかもしれませんが、**実は真夜中に「シルバー世代」に熱い支持を受けているラジオ番組が放送されている**のです。

それは、**ＮＨＫラジオ第１で放送されている「ラジオ深夜便」**という番組です。

月曜から金曜までは午後十一時二十分から翌朝の五時まで、土曜は午後十一時十分から翌朝の五時まで、日曜は午後十一時四十分から翌朝五時まで放送されています。

番組の進行役は「アンカー」と呼ばれ、基本的にはＮＨＫのベテランアナウンサーやＯ

Ｂ、ＯＧが担当します。アンカーは「碇《いかり》」という意味がありますが、その言葉どおりに**どっしりと安定感のある語りが、静かな夜の世界にマッチ**しています。

正確な数字は出ていませんが、**リスナーの平均年齢が七十代**ともいわれ、番組の内容も中高年向けで、**招かれるゲストも中高年に馴染みのある人が中心**になっています。

たとえば「列島インタビュー」のコーナーでは、詩集『くじけないで』が大ベストセラーになった、明治生まれの詩人・柴田トヨさん親子が登場。「女優が語る私の戦後」のコーナーでは、有馬稲子《ありまいねこ》さん、倍賞千恵子《ばいしょうちえこ》さん、森光子《もりみつこ》さん、若尾文子《わかおあやこ》さんなどそうそうたる大女優が名を連ねます（現在は「女優が語る私の人生」にコーナー名が変更）。

またコラムニスト・評論家の天野祐吉《あまのゆうきち》氏がインタビュアーとなり、おしゃべりを楽しむコーナーでは、詩人の谷川俊太郎氏や日本画家の安野光雅《あんのみつまさ》氏、歌手のミッキー・カーチス氏にデザイナーの森英恵《もりはなえ》さんなど、各界の著名人が続々と登場しています。

ほかにも深夜便落語１００選、昭和生まれには馴染みの深いラジオドラマのコーナー、全国各地の季節の話題、ニュース、天気予報、交通情報などもあり、**シニア世代には嬉しい内容が盛りだくさん。**もちろんリスナーの投稿も盛んで、それを聴くのが楽しみという人もたくさんいるのです。

番組内で使用される音楽も、懐かしい映画音楽や童謡・唱歌、またはクラシックが中心で、**まさに眠れない高齢者の味方のような番組です。**そしてラジオ深夜便ファンのために、月刊誌『ラジオ深夜便』も書店で販売されています。

もし、眠れずにイライラする夜があったら、試しにラジオのスイッチを入れてみませんか。最初のうちは「眠れないから仕方なく聴いてみた」かもしれませんが、しばらくすると**「眠たいけど、面白いから頑張って聴いている」**になるかもしれません。

「死への不安」が膨らんできたら、どう心を落ち着けるか

老若男女、誰にでも平等に訪れる「死」。

死ぬのは当たり前だし、永遠に命が続くとは思っていないけれど、**やっぱり死は怖い。これは人間として自然な感情です。**

なぜなら、本当に死を体験した人の話など聞いたことはありませんし、死後の世界からこちらの世界に戻ってきた人もいないからです。

まさに**自分が死ぬ瞬間にならないと、「死」とはどういうものか分からない。**だからこそ、あれこれ想像して怖くなるのです。とくに「死」が決して遠いものではない高齢者にとっては身近な話題であり、深く考え込んでしまうこともあるでしょう。

いずれ必ず死ぬのなら、人は何のために生まれてきたのか。所詮は何をしても無駄ではないのか。生まれ落ちた瞬間から死へ向かって歩き出すことに、どんな意味があるのか。そんなことを考え始める人もいるはずです。

生と死の問題を真正面から見つめ、悩み、考えるのはとても素晴らしいことです。人間として生まれたからには、一度は真剣に考え抜いてみたいテーマでしょう。

しかし、あまりに考えすぎて気持ちが塞《ふさ》いだり、死への不安ばかりが膨らんでしまい、自分ではどうしようもなくなったときは、一体どうすればいいのでしょうか。

そのときは**「死」の専門家に話を聞いてみる**のも一つの手かもしれません。

専門家とは、たとえば思想や宗教の専門家で、職業でいうなら哲学者やお坊さんなどが挙げられるでしょう。

哲学者が知り合いにいる人は少ないと思いますが、**お坊さんであれば法事などの機会にお寺に出向けば比較的簡単に会えます。**

先祖の菩提《ぼだい》寺に行って話を聞くのが筋だとは思いますが、ほかのお寺のお坊さんでも、「あなたは檀家《だんか》ではないので、お話することはできません」とは言わないでしょう。

もし断られたとしたら、そのときは「忙しかったのだろう」と解釈して、別のお寺に行ってみましょう。いくつかのお寺を回っていくうちに、あなたの心の不安に耳を傾けてくれるお坊さんに出会えるかもしれません。

お坊さんは人の死を日常的に見ていますし、また生きる意味、死の意味を深く学んでいます。あなたが求めるような明確な答えは出ないかもしれませんが、**専門家に話を聞いてもらえただけでも、少しは心が落ち着くはずです。**

それでも死の不安に押し潰されそうになったら、今度は医師を訪ねてみるのもいいかもしれません。医師も「人間の死」とは、切っても切り離せない職業の一つです。もちろん医師でも明確な答えは出せませんが、**宗教とは違った角度からの捉え方、沈んだ気持ちへの対処法はアドバイスできる**でしょう。

ほかにも、自分で本を読んでいろんな考え方を知るなど、具体的な行動を起こしていくうちに、少しずつ死への不安な気持ちは緩和されるものです。

幸せを感じる習慣――毎日の小さな「感動」を一冊のノートに記そう

年をとると、どうしても平坦な毎日が続き、感動が薄らぎ、自分の興味やトキメキが失われていきます。そして細かな日々のストレスばかりが目につくようになり、ついには気持ちが老いてしまうのです。

しかし、予防策がないわけではありません。たとえ小さなことでも毎日「トキメキ」「感動」を見つけるように自分で心がけていれば、いつまでも若々しい感受性を保ち続けることができるのです。これは**「習慣づけ」のトレーニング**といったほうがいいかもしれません。

女性の国会議員第一号だった加藤シヅエさんは「生涯現役でいたい」と考え、**百歳を超えてもテレビ出演や講演、執筆活動を意欲的に行なっていました。**そして、少しでも長く溌剌《はつらつ》といられるように、**「一日に一〇回感動する」**を心がけていたそうです。

それは、彼女の著書『加藤シヅエ　１０４歳の人生――大きな愛と使命に生きて』（加藤タキ共著）の一節にある、

「感動とは心を耕す肥やしのようなものである。植物によい肥料が必要なように、人間には強い感動が必要で、それが心を太らせてくれるのだと思う」

という言葉からもよく伝わってきます。

けれども加藤シヅエさんのいう「感動」とは決して大げさなものではなく、たとえば「トーストがいい色に焼けた」「風が気持ちよかった」「蕾だった花が今日開いた」というように、**日常の生活に密着したもの**でした。

もしかすると、「感動」というより**「ちょっと気分がいい」**とか、今で言うなら**「プチ感動」**という表現のほうがふさわしいような、ささやかな幸せかもしれません。

しかし人間の幸せというのは、そうした**小さな感動や嬉しかったことが少しずつ積み重なって、できあがっていくもの**です。

だからこそ、自ら意識的に小さくとも「幸せの素」を見つけていくのは、日々の生活に潤いを与えるのに、たいへん効果的です。

そして、**毎日見つけた「感動」を一冊のノートに記していきましょう。**日記をつけている人なら、そこに書き加えても構いません。文字にすることで、その日一日のよかったこと、嬉しかったことを思い返して**感動を二倍味わえます。**

さらに「感動ノート」はその日だけでなく、**後日振り返っても幸せな気持ちを思い起こさせてくれる**ものです。

過去のノートをめくるたびに、「去年の今ごろは梅の花に見入っていたんだな」「先月は公園にいた猫の親子がほほえましかったなあ」「また今度ここに出かけようか」「こうして見ると、家の中での感動が少ないな。今度は家の中で『いいこと探し』ができるように工夫してみようか」といった具合に、**さらに前向きな考えが生まれてくる**のではないでしょうか。

第４章

身体の心配をどう軽くするか？

原因が分からない？――レントゲンには写らない痛みもある

身体のどこかに痛みを感じて病院を訪れ、レントゲンを撮ったり、CTスキャンやMRI検査までしたのに、はっきりした病名や痛みの原因が分からないケースは、意外と多いものです。

しかし医師から「異常はありませんよ」と言われても、現実に痛みはあるわけですから**患者は「そんなはずがない」「原因が分からないなんて」とかえって不安を感じます。**痛みの原因を明らかにしてくれない医師に対して、不信感を覚えるケースもあるそうです。

ここで問題なのは、医師も患者も「血液検査や画像検査に写らないので問題はない」「異常があれば必ず検査に引っかかる」という考え方にとらわれてしまうことです。

たとえば腰痛の場合、実際に検査で原因が分かるのは、全体の二五パーセント程度といわれています。画像診断でも**痛みの原因がはっきりしない例は、数え切れないほどあるの**です。

日本人は先端技術を駆使した医療機器や検査に対する期待が大きく、**何でも正確に診断**

できると思う傾向がありますが、人間の身体はそれほど単純にはできていません。
とくに痛みを司《つかさど》る神経の働きは複雑で、一〇〇人いれば一〇〇通りの違う感覚があるといいます。また**長く生きていれば、人それぞれに、身体のあちこちで無理がたたっているため**なおさらでしょう。

確かに、画像診断の進歩で多くの情報が手に入るようになりましたが、それだけでは説明のつかない痛みもまだまだたくさんあり、**逆に画像では異常が認められるのに本人は痛みや違和感がない**といった例もあります。

とはいえ、この場合いちばん重視しなければいけないのは、患者の訴える痛みを緩和することでしょう。そのためには、患者と医師が共通の目的に向かって進む必要があります。

今でも風邪の特効薬はなく、その治療法は咳《せき》や熱などへの対処療法なのですから、もし検査データで原因が特定できなくても、目の前にある痛みや不快な症状を和らげられればそれでいいのではないでしょうか。

原因を突き止めることに必死になるより、たとえ異常が見つからなくても**「検査で原因のすべてがはっきり分かるわけではない」と割り切って、症状の改善に専念する**ほうが、ずっとストレスを軽くできます。

それにはまず、医師とよく話し合って治療に向けた「共通の価値観」をもつことが重要です。自分が納得できる治療を受けるためには、医師とのパートナーシップが何より大切だからです。

年配の方には「医者に反論するなんて気が引ける」と思う人もいるようですが、**検査の結果に表れないからこそ、自らの口で言わなければ分からない**場合も多いのです。

痛みを抱えているのは、あなた自身の身体です。つらい思いは溜め込まず、きちんと伝えていきましょう。

身体の悩みを共有できる「同病友達」がいると心強い

誰でもある程度の年齢を重ねると、病気とまったく無縁というわけにはいかないものです。

六十歳を迎えるころには、たとえ重症でなくても、肩がこったり腰が痛くなったり、血圧が高くなったりと、どこか不調な部分を抱えた人のほうが多いのではないでしょうか。

ところが、**周りから「病院に行け」と言われるのが嫌で、表に出さず強がったり、反対に「どうせこのつらさは誰にも分からない」と変に内向的になったり**と、余計な精神的ストレスを生じさせる人もいます。

そんなふうに身体の問題を一人で抱え込むと、「うつ」になる危険性も出てくるので要注意です。

もし健康に不安を感じたときは、**同じ病気のつらさや身体の悩みを共有できる「同病友達」**を見つけてはどうでしょうか。

昔から**「同病相哀《あいあわ》れむ」**ということわざがあるように、同じ病気の患者には、同じ経験をもつ者にしか分かち合えない**「深い共感」**が生まれるといいます。

確かに、たとえ家族やごく親しい友人、あるいは医者であっても、健康で元気な人から自分の病気について励ましや同情を受けると、嬉しい半面、**心の底では「お前に何が分かるか」と反発して素直には受け取れない**のが人情というものです。

その点、同じような体験を共有し、他人には理解できないことも分かりあえる「同病友達」がいれば、「このことに苦しんでいるのは自分だけではない」という安心感が芽生えて、ずいぶんと気が楽になります。この感覚は理屈ではないでしょう。

そして、そんな「同病友達」をつくるのに最適な場所は、何といっても**病院の同じ診療科の待合室**ではないでしょうか。普通の初対面の場合と違って、待合室では初めから似たような病気という共通の話題がありますから、お互い打ち解けるのも早いはずです。

ただし、人と話すのが苦手な人やそっとしておいてほしい人も当然いますから、初めて声をかけるときは慎重にしたいものです。

もちろんこんなことはないと思いますが、**いきなり「実は私、○○病なんです。あなたのご病気は何ですか?」と聞くのはタブー**です。病気の話題は大変デリケートですから、単刀直入な聞き方は厳禁です。

最初のうちは、

「初めてこの病院に来まして……」

「この診療科は、待ち時間が長いんですか?」

「こちらには、よく通院なさっているんですか?」

「ここのところ、○○の調子が悪くて……。それでこちらに紹介されたんですけどね」

などと世間話のように話しかければ、きっかけもつかみやすいでしょう。

そして**自分と同じ病気であれば、次に接する機会もありますから「また、お会いしまし**

たね」と時間をかけて親しくなればいいのです。

きっとお互いの悩みや、将来の不安にも共通点が多いでしょうから、共感をもって話ができると同時に、自然と友人関係が築いていけるかもしれません。

年をとってから新しい友人をつくるのは簡単ではありませんが、「お互いに早くよくなりましょう」「病気と上手くつきあっていこう」という**共通の目的**があれば、心から励まし合い、支え合う関係が生まれると思います。

病院で新しい友人と他愛ない世間話をしたり、普段は胸にしまっておいた病気の愚痴をこぼしたりすることで**ストレスも解消され、**心も軽やかになるはずです。

そうした交流の中から「○○町にある整体の先生は腕がいい」「今度の土曜は、近くの里山に登ってみませんか？」などという**病院の外の話題が生まれてくれれば、**毎日の生活にも新しい変化が出てきます。

ともすれば億劫になる病院通いも、**気の合う友人との大事な接点と思えば、苦になりにくいもの。**健康を取り戻せるようエールを交わし合う仲間が見つかったら、今度は趣味や娯楽にまで交友範囲を広げて楽しみを共有してみませんか。

おそらく、あなたの人生がもっと充実したものになるでしょう。

信頼できるかかりつけ医は、人生の大きな財産

医療をめぐる環境がどんどん変化する現代では、健康管理についてもしっかりとした方向性を自分で見つける必要があるようです。

これまでは、医者の言うとおりに治療や投薬を受けていればいいと考える人が多かったのですが、現在では自分が納得できるまで、医者から診療に関する詳しい説明を受けたいと考える人が増えています。

今後はいわゆる「他人まかせ」ではなく、**患者が主導権を握る医療**が主流になっていくでしょう。

では、こうした新しい時代に私たちがどう対処すればいいかというと、その第一はまず**医療の窓口となる、心から信頼できる自分のホームドクターをもつ**ことです。

もちろん、すでに「私には何十年も通っているかかりつけの医者がいるから大丈夫」という人も大勢いるでしょうし、「〇〇科はどこの病院、〇〇科ならどこのクリニック」というように、それぞれ自分なりの主治医を決めている人も多いと思います。

しかし、なかには十年以上も通院しながら、その理由はといえば**「何となく慣れているから」**や**「家に近いから」「周りの人がそこに通っているから」**といった場合もあります。強い信頼関係に裏づけられたホームドクターと患者の関係とはいえないような例も、少なくないのです。

まずホームドクターと患者の関係は、お互いのコミュニケーションが十分に図られ、安心して自分の身体を任せられることが基本です。そんな関係を築くためには、相手の話に耳を傾け、質問を重ね、とことん話し合えることが必要です。

確かに今の医療現場では、患者が医者とじっくり話す機会は少ないかもしれませんし、うるさがられるかもしれません。

しかし、**医者には患者の質問に答える義務があるのです。**もしこちらからの問いかけに対してのらりくらりの返答だったり、一般論に終始するなど患者の事情に応えてくれないのならば、かかりつけ医としては失格です。別のドクターを探したほうがいいのではないでしょうか。

ただ、医者とのコミュニケーションを図るうえでは**患者の「質問力」も重要です。**「あまりしつこく先生を質問責めにするのは気が引ける」と最初から遠慮してしまうと、いつまでたっても質問力はつきませんし、医者との信頼関係もなかなか築けません。

それでは、どうすれば「質問上手」な患者になれるかというと、いちばん簡単な方法は**事前に質問のメモを取ることや、先生の話を録音させてもらうこと**です。

質問を紙にまとめて書いておけば、診察のときにスムーズに話ができますし、いざとなったら医師に見せてしまえばいいのです。先生の答えが返ってきたら、それもメモすればいいでしょう。

診察室に入ってから質問を考えたり、しどろもどろになって要領を得ないというのでは、お互い診察の時間がもったいないし、ストレスも溜まります。

もし先生の話がなかなか頭に入らない、理解できない、あるいは耳が遠くて聞き直さなければならないような場合は、**小型のレコーダーを持参する**のも一つの方法です。

そうすれば、家に帰ってから家族に時間をかけて説明してもらったり、意見を聞くこともできるでしょう。**質問したはいいが、理解できなくて次回また同じ質問をしなければならないのが、いちばん非効率的です。**

ただし医師との信頼関係のため、録音する際には必ず「こういう理由で、お話を録音させていただいてもよろしいでしょうか?」と確認してからにしましょう。

そうしたコミュニケーションの取り方を嫌がらず（面倒がらず）、患者の質問を受け入れてくれる医師ならば、ホームドクターとしての資格は十分です。

こうして普段から医師と意思をうまく交わしておけば、深刻な病気になったときや、緊急の手術が必要になったときなどにも慌てずに済みます。

いつも医者に遠慮して表面的な話ばかりに終始すると、いざというときに伝えるべきことが伝わっておらず、結局、自分が困ります。

とくに高齢になってからは、「死の不安」についても率直に相談できる医師（できれば自分と近い世代）がいれば、非常に心強いもの。その意味で**かかりつけの医師は、人生の大切なパートナー**になるのですから、その選び方は慎重に考えたいものです。

もし、かかりつけ医の候補として考えるなら、なるべく最初の診察のほうではっきりと自分の治療に対する考え方や性格、価値観などを相手に伝えてみましょう。

もちろん、医師と患者にも相性がありますから、**「何となくウマが合う」**という感覚がホームドクター選びの大切なカギになることも事実です。

今や「セカンドオピニオン」は当たり前だが……

今や医療も**「サービス業」**という考え方が社会に根づき、患者も自分の治療法を多くの選択肢の中から主体的に選ぶ時代になってきています。

そうした背景から、**主治医以外の医者から自分の病気への考え方や治療法を聞く「セカンドオピニオン」**を選択するケースも、決して珍しくなくなりました。

しかし、なかには「ほかの医者に意見を求めると、主治医との関係が悪くなるかもしれない」「セカンドオピニオンを頼んだら、もうもとの医者には診てもらえないのではないか」と心配して、セカンドオピニオンを求めない人もまだ多いといいます。

ところが、日進月歩で新しい治療法が開発される現代では、**医師の数だけ治療法に対する考え方がある**わけで、セカンドオピニオンを求めたからといって嫌な顔をするような医者は、まずいないでしょう。

むしろ最近では、選択肢の多い病気の治療については「ほかのドクターの意見も聞いてみますか?」と問う医師も増えているようです。**後になって患者から「こんな治療法もあ**

ったじゃないか」と問題にされるよりはよほどいいからです。

もし、主治医から示された診断や治療法に疑問を感じた場合は、遠慮なくセカンドオピニオンを求めることができますし、それでもまだ迷いがある場合は、さらに**「サードオピニオン」**を希望することもできるでしょう。

セカンドオピニオンを求める場合は、主治医に依頼して「診療情報提供書」を作成してもらい、それを紹介状とともに希望する病院に提出しますが、**前もって治療スケジュールや時間的な余裕を考えておいたほうがいい**と思います。

とくに、新たに検査をする必要がある場合は、その日程も考慮しておきましょう。

今では**「インフォームド・コンセント」（説明と同意）**という概念をもとに、治療法を決定するのは患者自身という考え方が浸透していますが、主体的に治療法を選択できるメリットとともに、**それだけ患者が負う責任も昔より大きくなっている**のです。

また、セカンドオピニオンを求めるのは、ある程度治療の難しいケースを想定してのことだと思いますから、その際、深刻な事態になったときのこともよく考えておくべきです。つまり、**あなたが病気について向き合うべきは、医者だけではない**ということ。

たとえば、万が一のときの**延命治療**をどうするか（希望するか、しないのか）などは、よく家族と話し合って意見をまとめておきましょう。

「高齢者のうつ」――身体の病気が心まで不健康にする

たとえ足の小指を柱の角にぶつけても、奥歯が一本シクシク痛んでも、本人にとっては大きな苦痛でありストレスです。

発症していない人にはそれほど深刻に見えない花粉症ですら、本人にとっては毎日がとても憂鬱で、仕事に集中できなかったり、イライラして周りとの人間関係が悪くなったりするものです。

小さいけれど他人には分かりづらい、想像しづらい苦痛というのは、年を取るにつれて増えていくもので、本人の心に暗い影を落とします。

だからこそ、もしそれが重い内臓疾患や回復が難しい病気であった場合は、精神的にも非常に大きな負担を感じるのは当然でしょう。

昔から「病は気から」という言葉がありますが、実際は、**病から影響して心まで不健康になってしまう**例が珍しくありません。

もちろん、人間の肉体と精神は連動しているので、身体の具合が悪いと気持ちまで暗くなるのはむしろ自然なことなのですが、問題はそこに「病的な要素」が隠されている場合です。

身体の病気にともなって「うつ」が進行するケースも多いため、もしその兆候が見られたときは、本人にも周囲にも適切な対処が必要です。

年をとってからうつになる人は、現役時代はいたって元気、性格も頑張り屋で負けず嫌いだったタイプが意外に多いものです。

そんな人が、ふいに病気になって入院したりすると、**「もっと早く元気にならなければならない」「本当の自分はこんなはずではない」**と自分に余計なプレッシャーをかけて、結局、うつ状態に落ち込んでしまうのです。

もし、いつもとは違う精神状態で「これは少しおかしいんじゃないか？」と感じたら、まずは簡単な「うつチェック」をしてみてください。

・テレビを見ていて、少しも面白いと感じない（感情が高ぶらない）
・本を読んでも集中できず、すぐ閉じてしまう（頭に文章が入らない）

・何を食べても、おいしく感じられない（ただ口に運んで飲み込んでいるだけ）
・夜なかなか眠れず、寝てもすぐ目が覚める（頭にこびりついて離れないことがある）
・すぐに疲れて、何もする気にならない（でも、どこか悶々《もんもん》とした感じがする）

右記のうち、二つ以上思い当たることがあったら「軽いうつ状態」に陥っている可能性があります。そういう場合は、なるべく早く専門医に相談したほうがいいでしょう。**うつの治療は、早ければ早いほどいいのです。**

医師の診断を受けて、うつと判断されたら生活改善や投薬で回復を図りますが、実は困ったことに、**うつ病患者の八割は自分がうつ病だとは思っていない**そうです。

しかし、うつ病をそのまま放置しておくと病状がどんどん進行し、なかなか回復が難しい段階に陥ることもあります。

そこで目安として、高齢者にも共通するうつ病の特徴の一つに「朝なかなか起きられない」というのがありますから、もし**「昔はもっと早く目が覚めたのに最近、朝起きるのが苦痛になってきた」**と感じたら病院に行くことを考えましょう。

一方で、配偶者や兄弟姉妹が年をとってうつになることもあるでしょう。そんなときは接し方に注意して、そっと温かく行動を見守る必要があります。

うつ病の家族に対して、とくに気をつけたいのが言葉遣いです。

「誰でも気分が落ち込むことはある」「いったいどうしちゃったの？」「気合いが足りないのよ」「いつまで甘えているんだ」「もっと頑張って！」「前のあなたならできたのに」などと、相手の気持ちを無視した発言はすべて控えてください。**「このままではダメになる」といちばん悩んでいるのは、うつ病を抱えた本人**である場合が多いのです。でも、なかなか自分が思うような出口が見つからないという状況なのです。

何より大切なのは、相手の話を十分に聞いてあげること。

そして医師との治療を続けながら、「焦らなくていいからね」「ゆっくりすればいいよ」など、相手をリラックスさせる優しい言葉をかけるように心がけましょう。

新しい認知症の予防法——知っているのと知らないのとでは大違い

年をとって、もっとも恐れを感じる病気の代表は**「認知症」**ではないでしょうか。

自分で正常な判断ができなくなる認知症は、自分が自分でなくなってしまうように思え、しかも年齢を重ねるほど避けることが難しい病として、私たちを悩ませてきました。

ところが近年の医学の発達とともに、アルツハイマーや認知症に効果のある薬も開発され、昔と比べればその改善率は大幅に向上しています。

しかし発病してから対症療法するのと、発病自体を抑えるのとでは大違いです。

今ではアンチエイジングの研究から、**認知症にならないための生活法や運動、食事、心のあり方まで、さまざまな新しい予防法**が生み出されています。

すでに私たちはいつでもそれらを試み、実践できる環境にいるのですから、こういうことを知らずにただ恐れているだけより、どれほどいいか分かりません。

まず認知症に関する研究の中には、次のような報告があります。

・ガーデニングや畑仕事をしている人は、認知症になる確率が四〇パーセントほど低い
・毎日、三十分程度の昼寝をしている人は、認知症になる確率が約五倍低い
・一日二杯以上の緑茶を飲む人は、認知症になる確率が五〇パーセントほど低い
・喫煙者は、認知症になる確率が約五〇パーセント高い
・家事をしない人よりしている人のほうが、認知症になる確率が一〇パーセントほど低い

これらを参考にしたうえで、**なるべく早い時期から脳の活性化や筋力トレーニング**を実践すれば、認知症の発病リスクはかなり抑えられると思います。

次に、簡単に実行できそうな認知症予防法を紹介しますので、自分に合うものを選んで毎日少しずつ取り組んでみてください。

- **地図を見ながら散歩する**

——立体の風景と、平面の地図を関連づけることが、脳の活性化に役立ちます

- **予算を決めてから買い物する**

——買い物で一〇〇〇円までなどと予算を決めると、自然に暗算するようになります

- **利き手と違う手を使う**

——利き手と反対の手で字を書いたり、掃除をすると、脳が活発に働きます

- **後ろ歩きをしてみる**

——平らで安全な場所で後ろ向きに歩くと、身体と頭のバランスが鍛えられます。転倒にはくれぐれも注意してください

・**朝は太陽の光をたっぷり浴びる**

――体内時計のリズムを整えるには、朝の日差しを浴びるのがいちばんです

・**カラオケで腹式呼吸**

――腹式呼吸は血行をよくし全身を活性化します。大きな声で熱唱すれば、自然と呼吸が深くなり、歌詞を覚えれば脳のトレーニングにもなります

・**ゲーム感覚で一人じゃんけん**

――まず左手に勝たせるか、右手に勝たせるかを決めておいて、常に決めたほうの手が勝つようにじゃんけんをすると、脳が活発に働きます

・**自然の音を聴くと耳が鍛えられる**

――脳を衰えさせないためには、耳の老化防止も必要。鳥のさえずりや虫の鳴き声、川のせせらぎなど、高い周波数が入っている音域を中心に意識して聴くといいでしょう

・**手は第二の脳。使うほど頭がさえる**

――折り紙やあやとり、手芸やトランプなど、手先を動かすと同時に脳が鍛えられます

以上の認知症予防法などを根気よく続ければ、次第に効果が表れるでしょう。ただ地道

なものが多いので、飽きないようにいろいろ組み合わせるなど工夫してみてください。

死への「気負い」を少しずつ取り払おう

「正月や 冥土の旅の 一里塚 めでたくもあり めでたくもなし」

という一休和尚《おしょう》の有名な狂歌がありますが、この句には私たちが**常に死と隣り合わせで生きているという真実**が込められていて、感慨深いものがあります。

「生きとし生けるものは必ず死ぬ」という永遠の真理を前にすると、思わず恐れを感じるのは人間として当然のことですが、年齢を重ね、自分と同年代の友人や知人の訃報《ふほう》が届くようになると、**そろそろ自らも終末に向かう心の準備**が必要になってきます。

それでもやはり、死と面と向き合うのは怖いものです。生きているうちに誰も行ったことのない世界を考えると、不安でたまらないでしょう。しかし、**私たちがもっとも恐れるのは「死」そのものではなく、「苦しんで死ぬ」ことではないでしょうか。**

たとえば一人暮らしになって、夜いきなり発作を起こして呼吸困難で亡くなり、何日か経ってようやく発見されると考えたら、とても恐ろしく感じますね。

それがもし、たくさんの身内や親しい友人に囲まれ、手を握られて「ありがとう」と感謝の言葉を口にしてから、スーッと眠るように往生するといったシチュエーションなら、それほど恐ろしいとは感じないのではないでしょうか。

要は、**自分自身が死のイメージをどう描くかによって、死と向き合うときの気持ちや感情は大きく左右される**わけです。

尼僧《にそう》の瀬戸内寂聴《じゃくちょう》さんが、死についていくつか心に響く言葉を発しています。

「死というものは、必ず、いつか、みんなにやって来るもの。でも、今をどのように生きて行くか、何をしたいか、生きることに本当に真剣になれば、死ぬことなんて怖くなくなるもんです」

「たくさん経験をしてたくさん苦しんだほうが、死ぬときに、ああよく生きたと思えるでしょう。逃げていたんじゃあ、貧相な人生しか送れませんわね」

「人間は生まれる場所や立場は違っても、一様に土にかえるか海に消えます。なんと平等なことでしょう」

「今をよりよく生きることが、死に向かって歩く覚悟」

どれも心に響く名言で、その潔い言葉は私たちに死を恐れない勇気を与えてくれるようです。

また、日本のホリスティック医学の先駆者である帯津良一《おびつ》先生は、終末医療の現場で得た経験をもとに、実に奥深いたくさんの言葉を私たちに伝えてくれています。

「今をよりよく生きるためには、『死を想え』といわれますが、実際にこれは難しいことです。限りあるいのちですから、誰もが必ず死に向き合わなければいけないことはわかっているはずなのに、実際に死に直面すると、狼狽《ろうばい》してしまう人がほとんどです」

「ところが、死に際で狼狽すると『向こう側』にうまく行けないと、私は考えているんです。だから、そのときに狼狽しないように、日頃から死を視野に入れて生きていくのが、大事だと思うんです」

「死から目を背けず、折にふれて死を想う。たとえば年に三回くらい、折にふれて想うことで、死というものに慣れ親しむ。それが大事だと思っています」

さらに、数年前に奥様を亡くされ、独自の死生観をもたれた帯津先生は、

「向こうに行けば、また妻にも会える。それも楽しみなんです」

と、**生命が永遠に生き続ける「虚空《こくう》」**に思いを馳《は》せているとか。

「死を迎えるには、練習も必要です」

そんな帯津先生の淡々とした言葉を聞くと、死に対する気負いが少しずつ取り払われるような気がしてきます。

地域社会でいかに「存在感のある生活」をするか

一人暮らしの人が誰にも看取られずに、突発的な病気や事故などで死亡することを一般に**「孤独死」**といいます。

その言葉の響きから、いかにも寂しい老人の末路のように聞こえますが、実際に社会の高齢化が進むと同時に**お年寄りの「独居世帯」は増え続けており、**とくに配偶者を失った女性の一人暮らしは、都会でも地方でも珍しくありません。

そういう意味では、**今はよくても誰にも起こりうるリスク**といえます。

しかし、被災地などで独居老人が孤独死したニュースが伝えられると、この社会現象を重く見た政府や地方自治体が「孤独死」防止ネットワーク作りに努め、全国でさまざまな試みが実施されるようになりました。

たとえば、パソコンを活用した緊急通報システムや、ガスや電気などのライフラインを利用した安否確認システムなどで地域の高齢者を見守ったり、地区ごとに声かけや巡回見回りを実施したりと、年々そのサービスは充実したものになってきているようです。

とはいえ、これらの地域サービスを外部から与えられるだけでは、決して十分とはいえません。

それよりも大切なのは、**一人暮らしの高齢者自身がいかに地域との関わりをもち、コミュニケーションを保ち続けられるか**という点です。

孤立しない生き方というのは、言い換えれば**地域社会の中で「存在感のある生活」をすることなのです。「私はここにいますよ」という情報を常に発信することが、自分自身を守ることにつながります。**

たとえば、地元の老人会や趣味の集まり、ボランティア活動など、いろんな機会を見つけて、地域とのコミュニケーションを図る姿勢を忘れないようにしたいものです。

確かに年を重ねると、人間関係がわずらわしく感じるのも理解できますが、**いざというときのセキュリティのつもり**でも構いませんから、地域とのつながりを疎かにしないようにしましょう。

そして下手に遠慮したり、自分のプライドを守ろうとするあまり、善意で差し出された手を拒絶するようなことは避けたいもの。**一度差し出された手を振り払うと、次の救いの手はなかなか現れません。**

素直な気持ちでおつきあいを受け入れれば、今までにない楽しい発見もきっとたくさんあるはずです。**人づきあいで苦しむこともありますが、それによって救われることのほうがずっとずっと多い**のです。

「健康神話」を生きがいにするなかれ

テレビや雑誌にはさまざまな**「健康情報」**が溢れていますが、その情報を取り込みすぎると、**かえって身動きがとれない**こともあります。

帯津三敬《さんけい》病院名誉院長で『一病あっても、ぼちぼち元気』『達者でポックリ。』などの著書でも知られる帯津良一先生は「これは健康のために良い、これは健康に悪いと堅苦しく考えて暮らしていると、かえって長生きは難しいものです」と健康ブームに警鐘《けいしょう》を鳴らしています。

また帯津先生は、著書『不良養生訓』の中で「高血圧や糖尿病の予防のために美味しい食物を我慢して、睡眠も規則正しく、何事にも生真面目に健康に気を遣う『守りの養生』よりは、健康には無頓着で気ままに生きる『攻めの養生』のほうが自然治癒力は強い」とも述べています。

これを言い換えれば、**「厳しく自分を律する健康優等生よりも、この世を楽しむ人間のほうが長生きする」**ということになるのかもしれません。

ある程度の年齢になると、肥満や血圧、コレステロールなど健康のことが気になり始め、**それまでの生活からは一転して「健康第一」の人間になる**ケースが多いものです。

ところが健康を気遣うあまり「あれもダメ、これもダメ」という**健康生活を送ることが生きがい**になってしまうと、逆に健康を損なうことにもなりかねません。

そこで、帯津先生はこんなふうに語りかけています。

「頭で考えるのでなく、心が欲するままに人生を楽しむ。人生という限られた時間の中で、身体と健康に細心の注意を払うよりも、楽しいひと時は夜更かしもする、酒も飲む。楽しく日々を暮らす。それこそが豊かな人生を送ることではないか」

「六十歳代になれば、なおさら『ぐうたら養生』の生き方が大切です」

「食べたい、飲みたいと思うのは、身体が欲しているからで、『不良養生』のほうが自然治癒力は強くなるんです。いい加減な精神ならば、むしろ病気を撃退することができる」

これらの言葉は、一つの考え方に凝《こ》り固まった私たちの気持ちをふっと軽くしてくれます。

しかしもちろん、気を抜いて毎日ぐうたらな生活をしていればいいのではありません。

ときにはぐうたらになる自分を、大らかな気持ちで認めてやろうということなのです。

そんな帯津先生が提唱する、「これだけは覚えておいたほうがよい」という七つの養生訓は次のとおりです。

一、勤運動（運動にいそしむこと）
二、練気功（気功を練習すること）
三、節飲食（節度のある食事をすること）
四、暢情志（心をのびやかにすること）
五、慎起居（正しい日常生活をすること）
六、適環境（環境に適応すること）
七、補薬物（薬で補うこと）

「これまでの養生は、身体を労《ねぎら》って病を未然に防ぎ、天寿をまっとうするものでした。しかし、これからの養生はちがう。日々命のエネルギーを高め、晩年になるほど加速していき、猛烈なスピードで、死後の世界に飛びこんでいく、爽快《そうかい》な養生です」

と、斬新な死生観を語る帯津先生です。

また「真の養生とは、計り事を捨てて、あるがままに生きることである」という養生論は、まるで哲学のようです。

「無理に明るく前向きを装っても希望は生まれないし、ただ明るく前向きだけでは病気の克服も人生の転換もそうそう摑《つか》めるものではない。そうではなくて、人間は哀しくて寂しいものだと思えば希望が湧いてきて病気も治る。不運や災難、病気をも克服することができるのです」

あれはいい、これはダメなどの「健康神話」に振り回されて疲れたら、ときには一切の不安を吹き飛ばしてくれる、力強い言葉に耳を傾けてみてはいかがでしょうか。

「冷えは万病のもと」――体温を上げて元気になろう

汗をかかない「低体温児」と呼ばれる体温の低い子どもたちが増え、健康にも悪影響が出るというので、親はずいぶんと心配しているようです。

しかし最近では、子どもたちばかりでなく**大人にも低体温の人が増え**、さらに高齢者は寒暖の変化に順応しにくいこともあって、体温の問題は健康上の大きなテーマとして考えられるようになりました。

本来、私たち人間の平均体温は三六・五度くらいで、これは体内の酵素《こうそ》がもっとも活発に働く温度です。ところが**低体温だと酵素の働きが低下し、新陳代謝が悪くなるため免疫力や抵抗力も低下して病気になりやすくなる**のです。

体温が一度下がると免疫力は四〇パーセント下がるといわれ、免疫力が低下すると、風邪などの感染症にかかりやすくなったり、アレルギー症状が出やすくなります。また**体温が三五度になると**、**新陳代謝の低下により自律神経失調症になる**ともいわれています。

では、なぜ体温が下がってしまうのかというと、それは日ごろの生活習慣や食生活の乱れが原因の場合が多いようです。

また、冷たいものや甘いものの摂りすぎ、旬《しゅん》ではない季節外れの野菜や果物を食べることのほか、無理なダイエットや運動不足、ストレスや血行不良なども低体温の原因になります。

思い起こせば、昔の人は夏でも熱いお茶を飲んだり、寒い季節は腹巻きをしたり、乾布《かんぷ》摩擦をしたりと、**冷えに打ち勝つ心がけを忘れなかった**のですが、冷暖房の整った今となっては、それらの教訓が生かされる機会はほとんどなくなりました。

そんな私たちが、**体温を上げて免疫力をアップさせる**には、次のような方法を日常的に実践する必要があるでしょう。

・冷たい食べものや甘いものをなるべく控える
・旬の野菜や果物を食べて、季節外れのものは避ける
・毎日、散歩や早歩きなどの運動を欠かさず行なう
・温かいお風呂にゆっくりと浸《つ》かる
・毎日の食事で肉や魚、卵などのたんぱく質を摂る

・バランスの取れた食事で、とくに亜鉛、鉄、セレンなどのミネラルと、ビタミンB1、B2などのビタミンを摂る

また風邪で熱が出たときも、**すぐに解熱剤で熱を下げてしまうと体内の免疫システムが働きません**から、投薬については医師とよく相談するようにしましょう。

そして、高齢者が注意しなければならないものに**「老人性低体温症」**があります。人は雪山で遭難したときなどに「偶発性低体温症」にかかりますが、高齢者の場合はそれほどひどい寒さでなくても同じ状態に陥ることがあります。これが老人性低体温症と呼ばれるものです。

よくあるのが、**高齢者が寒い部屋で何時間も薄着のままじっと座っているときで、年をとると「寒い」という自覚がなかなか働きません。**気温（または室温）が一八・三度以下になると危険ともいわれます。

とくに**糖尿病**の持病がある人は、**インスリンの分泌が下がるなど「低体温症」のリスクが大きい**ので、屋内でも気温の変化に気をつけるべきです。

昔から**「冷えは万病のもと」**といわれてきましたが、もう一度このことわざを思い出し

て、日ごろから身体を温める習慣をつけるといいでしょう。

カロリー制限によって「長寿遺伝子」のスイッチが入る？

以前、テレビで**「細胞の死滅を防止して老化を遅らせ、若さを保つ働きのある『サーチュイン』という長寿遺伝子が発見された」**という情報が流され、大反響を呼んだことがありました。

映像では、普通のサルと長寿遺伝子のスイッチが入ったサルが比較されており、二匹の若さの違いは一目で分かるほどでした。

「長寿遺伝子」というと、何やら特別な人だけがもつ遺伝子のように聞こえますが、実際はすべての人がもっているもので、そのスイッチを「オン」にさえできれば、誰もが長寿を実現できるといいます。

しかし、長寿遺伝子をオンにする方法はそう簡単ではありません。なぜなら、**食事の力ロリー制限をしなければならない**からです。

「サーチュイン」はカロリーを抑えることでスイッチが入り、実験ではミジンコの寿命が一・七倍、ラットは一・四倍も延びたそうです。

しかも、十年以上にわたりカロリー摂取を通常より三〇パーセント制限して飼育したサルは、ほかのサルに比べて肌や毛並みが美しく、血液中の若返りホルモン値が非常に高いばかりか、脳も活性化されているというのですから驚きです。

こう聞くと「自分もカロリー制限をしてみよう」と思われるかもしれませんが、長寿遺伝子をオンにするためには、ダイエットを七週間継続して行なう必要があります。**二〜三日ならともかく、七週間となればそれなりの覚悟がなければできません**し、まず主治医に相談して、食事制限して問題がないかどうかの判断を仰がねばなりません。

そこまでの努力は難しい、またはカロリー制限に問題があるという人は、長寿遺伝子を働かせるために別の食事の工夫をしましょう。

カロリー制限ほど効果的ではありませんが、**食物の「皮」を積極的に摂る**ことで幾分かの効果は認められているようです。

まず、ぶどうの皮に含まれるレスベラトロールというポリフェノールが、長寿遺伝子をオンにすることがよく知られています。

ピーナッツの渋皮《しぶかわ》にも同じようなポリフェノールが存在し、玉ねぎの皮に含まれるケルセチンは、直接サーチュインを活性化する働きがあります。

ちなみに、アメリカではレスベラトロールのサプリメントが人気のようですが、一〇〇パーセント効果があると実証されているわけではありません。

そして、食事以外に長寿遺伝子をオンにするもう一つの方法は、**継続して運動をすること**です。

近ごろ見つかった「ＡＭＰＫ」（ＡＭＰ活性化プロテインキナーゼ）という長寿遺伝子は、運動によってスイッチが入ることが分かりました。**筋肉の収縮でこの長寿遺伝子は活性化する**ので、日常的に無理なくできる運動を持続して行なうことが大切です。

筋肉を収縮させる運動は、激しく動く必要はないので、**大腿《だいたい》部や臀《でん》部の大きな筋肉をゆっくりと動かす筋肉トレーニング**が適しているでしょう。

長寿遺伝子の研究は、まだ始まったばかりです。いつまでも若々しさを保ち、元気に長生きできるなら、そのスイッチをオンするために努力する人がいても、少しも不思議ではありません。

今後、もっと簡単に活性化できる長寿遺伝子が発見される可能性もあるのですから、その研究に期待してもよいのではないでしょうか。

腸内環境を整えれば、免疫力がアップする

口から毎日入ってくる食物の栄養を吸収するのも、それを排泄《はいせつ》させるのも、腸の仕事です。ところが、腸の働きが弱まると必要な栄養素が吸収されないばかりか、便秘や下痢に悩まされたり、腸にガスが溜まって不快な思いをすることになります。

腸内環境は、一〇〇兆個もある腸内細菌の「善玉菌」と「悪玉菌」のバランスで決まりますが、大まかにいうと、善玉菌は野菜や海草などを好み、悪玉菌は肉などの動物性たんぱく質を好みます。

腸内環境を整えて健康長寿に大切な免疫力を上げるには、まず食生活を変えて善玉菌が住みやすいように改善し、悪玉菌を追い出すのがいちばんです。そのためには、**動物性脂質を減らして食物繊維や発酵食品をたくさん摂る**ことが必要です。

水溶性の食物繊維は、腸内細菌のエサとなり善玉菌の繁殖を助けるので、豆類やゴボウ、サツマイモ、オクラ、ニンジンなどを積極的に摂るといいでしょう。

また善玉菌を増やすオリゴ糖は、大豆やゴボウ、キノコ、タマネギ、牛乳、バナナなど

に多く含まれています。

また、**日本の伝統食である味噌や醬油《しょうゆ》、納豆、ぬか漬けなどの発酵食品は、優良な善玉菌をたくさん含んでいる**ため、毎日食べたいものです。

ヨーグルトや乳酸菌食品も最近はさまざまな種類が売られて、どれを選べばいいか分からないほどですが、結論からいえば、実はその乳酸菌のほとんどは胃酸や胆汁《たんじゅう》などによって腸に届くまでに死んでしまいます。

では、ヨーグルトを食べてもまったく意味がないかというと、そうではありません。乳酸菌がたとえ腸に届く前に死んだとしても、**その菌体成分には腸の免疫機能を活性化してアレルギーや感染症を予防する効果**があるので、食生活に乳酸菌食品を取り入れることは無駄ではないのです。

もしヨーグルトや根菜《こんさい》が苦手という人がいたら、食物繊維たっぷりでオリゴ糖をあわせもつ「寒天《かんてん》」を摂るのがお勧めです。

粉《こな》寒天をお茶や味噌汁などに溶かせば水溶性食物繊維を摂取でき、角《かく》寒天やトコロテンなどを利用すれば不溶性食物繊維を摂れるので、とても便利です。どちらも一日四グラムを目安に摂り入れれば、腸内環境を整えるのに効果的でしょう。

健康長寿のために「腹式呼吸」の習慣を身につけよう

あまり知られていないかもしれませんが、**呼吸は自ら自律神経に働きかけることのできる数少ない手段**です。なかでも意識を集中する「**腹式呼吸**」は、健康長寿を考えるうえでメリットがいっぱいです。

腹式呼吸をすると、横隔膜《おうかくまく》の運動によって下半身の血行が促進され、足先の毛細血管が開いて体温が上昇すると同時に血圧が低下し、精神面でも脳波にアルファ波が増えて気持ちが安定します。

それればかりでなく腹式呼吸には、腹筋が鍛えられてお腹が引き締まる効果や、横隔膜を動かすことで胃腸をマッサージする効果まであります。また、**多くの酸素を取り入れることで血液の循環も活発になり、身体の隅々にまで酸素が行き届き、免疫力を強化してくれるる**のです。

毎日一度か二度、腹式呼吸の習慣をつけることは健康づくりにとても有効です。

精神的に動揺したり不快なことがあって、呼吸が浅くなったと感じたときは腹式呼吸を数分間してみてください。それだけで**自律神経が安定するようになり、精神状態もぐっと落ち着く**はずです。

ここで腹式呼吸に慣れていない人でもできる、無理のないやり方を紹介しておきます。

①背筋を伸ばして床に座り、鼻から軽く息を吸い込みます。座り方は楽なポーズで、あぐらをかくのもお勧めです

②息を吸うときは、おへその少し下の**「丹田《たんでん》」**を意識して、自然にお腹を膨らませます

③息を吐くときは、丹田から空気を出し切るつもりでお腹をへこませながら、できるだけゆっくりと息を吐きます。このとき、体中の悪いものをすべて吐ききるイメージを描くといいでしょう

④吐ききったらまた息を吸いますが、**吸うことにはあまり意識を向けず、吐くことに意識を集中させるのが上手な腹式呼吸のコツ**です

慣れてきたら、腹式呼吸に**イメージトレーニング**を加えます。息を吸い込むときは爽やかな草原の空気や森林浴の香りを、息を吐くときは身体から黒い霧や病気のもとが出てい

くことをイメージすれば、いっそう心と身体がリフレッシュできます。

ただし、呼吸に力を入れすぎて気分が悪くならないよう、肩の力を抜いて気軽な気分でするように心がけましょう。

「笑いの効果」――人間の感情が健康に与える影響は想像以上

「笑う門《かど》には福来たる」といいますが、近年では、**笑いが健康に与える影響**が医学的に実証され、すでに医療施設でも病気の治療や予防の一環として笑いを取り入れているところが増えているそうです。

笑いの健康効果の中で何がいちばん素晴らしいかといえば、それは**人間の免疫力を素早く大幅に高める点**にあるでしょう。

人間の免疫システムのうち、リンパ球の一種である**ナチュラルキラー細胞、通称「NK細胞」**は約五〇億個あり、その働きが活発だとガンや感染症にかかりにくいといわれています。

免疫機能をコントロールする間、笑うことで脳に喜びや興奮が伝わると、情報伝達物質の神経ペプチドが生まれ、それが血液やリンパ液を通じて体中に流れて、ガン細胞やウイルスを攻撃するのです。

反対にストレスや強い悲しみを受けると、NK細胞の働きは弱くなり、免疫力も低下するといいますから、**人間の感情が健康に与える影響は想像以上**ですね。

実験によると、笑いがもたらす免疫力の変化は、ガン治療に使われる免疫療法薬の投与効果より大きい場合もあるとか。

そして笑いは免疫力の強化ばかりでなく、血行促進や記憶力の向上、脳の活性化など、さまざまな健康効果をもたらしてくれます。

また、笑いで体内に酸素がたくさん取り込まれると新陳代謝が活発になり、自律神経のバランスも整い、さらに脳内ホルモンであるエンドルフィンも分泌されます。

エンドルフィンは、モルヒネの数倍の鎮痛効果があるといわれる物質で、ガンなどの鎮痛にも大きな効果を発揮するため、その医療効果を利用する医師も増えているのです。

お金もかからず副作用もなく、多大な健康効果を与えてくれる「笑い」を毎日の生活に取り入れることができれば、何よりも強力な健康のパートナーを得たといえるでしょう。

しかし、年齢を重ねると「どうすれば毎日笑っていられるのか分からない」「そんなに面白いことをどうやって見つけるんだ?」と感じる人もいるかもしれませんね。

そんな人には、実際にどう笑いをコントロールすればよいか、いちばん簡単な方法を紹介しましょう。それは**「笑いを真似る」**ことです。

実は、笑って顔の筋肉が動けば、神経伝達物質が脳に伝わって反応するため、**作り笑いでも本当の笑いでも、ほぼ同じ効果が得られる**のです。つまり作り笑いで脳を騙《だま》せば、面白いことがなくても大丈夫。**要は、笑顔を作ることがポイント**です。

もちろんテレビやCDで落語、漫才、コントのお笑いなどを見聞きして自然と笑えればいいのですが、何もないところでも、思いきり笑顔を作ればOKです。

もしそれでは笑顔を作りにくいと思ったら、**鏡を見て自分に笑いかけましょう。**そして「はっはっは〜」でも「わはは!」でもいいので、お腹から声を出して笑うのです。

このときに楽しい感情など入ってなくても問題ありませんから、**最初は自分を「大根役者」だと思って、ただオーバーに笑いを顔と声で表現すれば合格です。**

初めは「何をやっているんだろう」と思うかもしれませんが、そのうち鏡を見ると反射的に笑顔を作れるようになり、**普段から顔の表情も柔らかくなってきます。**

年をとるとそれまでの経験上、ちょっとやそっとのことでは刺激を受けにくくなっています。ところが、意図的に笑顔を増やすようにしていると、周りでいいことや面白いことが増えていると感じられるようになります。

笑顔を作るのは「顔のスポーツ」だと思って、毎日積極的に取り組んでみてください。

六十五歳以上の三人に一人が睡眠障害を感じている

日本人の成人の二〇パーセントは、睡眠に対して何らかの不満や不安を抱えているといいます。それは年齢を重ねるほど次第に深刻となり、**六十五歳以上の人になると、なんと三人に一人が睡眠障害を感じているのです。**

若い世代からは「もう仕事に行かなくてもいいんだから、眠れなくてもそれほど気にならないのでは？」と言われそうですが、問題はそう単純なものではありません。

「ぐっすり眠れない」「夜中に何度も目が覚めて、いったん起きると寝つくまでに時間がかかる」「日中もボーッとしている」といった状態は、大きなストレスとなるでしょう。

もちろん高齢者は体質的に、若いころと同じように「布団に入った途端バタンキューでぐっすり眠る」というのは難しくなります。

なぜなら、**睡眠は成長ホルモンの分泌と密接な関わり**があり、成長著しい世代はたくさんの睡眠が必要ですが、年齢を重ねればその必要はなくなるからです。だから高齢者の眠りの量については、「以前のように眠れなくなった」のではなく、**「それほど眠らなくても大丈夫な身体になった」**と理解するほうがストレスは少なくてすむでしょう。

だからといって、ウトウトした浅い眠りや、なかなか寝つけないもどかしさを我慢しなければならないわけではありません。ちょっとした工夫によって、劇的ではないですが、それまでの睡眠障害を緩和することができるのです。

たとえば、思い切って枕を換《か》えてみるのも一つの方法です。昔から「枕が換わると眠れない」といわれるほど、**枕は眠りに与える影響が大きい**ものです。

ところが、高齢者の中には「子どものころからこれだから」と堅くて小さく、そこそこ高さもある「そば枕」を使っている人が少なくありません。

もちろん使い慣れていて、「今でもそれが心地いい」というのなら構いませんが、**枕が高いと首や肩に余計な負担**がかかってしまいます。また、小さな枕は寝返りを打つのに適しておらず、それが原因で眠りが浅くなってしまうケースも多いのです。

若いころと違って、**少しの刺激で目が覚めてしまうのが高齢者の眠り**ですから、**それを**

妨《さまた》げないような枕選びをするのも安眠への近道かもしれません。

最近は、寝具コーナーでいろんな枕を試すことができたり、その人の身体に合った枕を作ってくれる店もあります。いわゆるオーダーメイド枕ですね。またタオルを何枚も重ねて、自分の首と肩の高さに合わせる「手作り枕」も人気だとか。

不眠でストレスが溜まってきたら、**「今の自分」にあった枕の見直し**にトライしてみませんか。

眠りの質を高める――「光」「体温」「食」のコントロール

前項で述べたように、年をとると「なかなか寝つけない」「ぐっすり眠れない」「すぐ目が覚める」という不満をもつ人が多くなるのは確かです。

ただし、睡眠時間が多いだけで熟睡できていないのも健康的ではなく、たとえ短い睡眠でも起きたときに爽快感があり、昼間の倦怠《けんたい》感がなければ快眠だといえるでしょう。

睡眠の問題の本質は、どれぐらい眠ったかという量ではなく、どれほど快適に眠れたかという質なのです。

ですから、ときどき眠れないからといって、そう深刻に考えることはありませんが、眠気を誘う**脳内物質のメラトニン**が十分に出ていないと、睡眠障害を起こしたり、日中に疲労を感じるようになる点には注意が必要です。

そこで、眠りが浅い中高年に覚えておいていただきたいのが、眠りの質を高めるためのキーポイントとなる**「光」「体温」「食」をコントロールする方法**です。

まず「光」についてですが、眠気を司るメラトニンは、月夜の薄明かり程度まで周囲が暗くなると、その分泌量がいちばん増えて自然と眠くなります。ところが、いざ眠ろうとするときまで周囲が明るい環境だと、メラトニンの分泌が抑えられて、うまく眠れなくなるのです。

これを避けるには**眠る二~三時間前から照明を抑え、明るさを調節すればいい**のですが、もし家族の事情や周辺環境のためにそれができない場合は、サングラスを使って光を遮断《しゃだん》してもいいでしょう。

次に、眠りに深い関係のある「体温」ですが、人間の体温は眠る三~四時間前からだんだん下がり、起きる二~三時間前から上昇するというリズムをもっています。これを利用して**寝つきをよくするには、眠る前に身体を温めてから徐々に体温を下げる**ようにします。

それには寝る一時間ほど前に三九度程度のぬるま湯に浸かり、身体をじっくりと温めるのがお勧めです。また夕食後一時間以上たってから、ストレッチなどを二十～三十分かけて行なうのも効果的でしょう。

睡眠前に入浴や運動によって人為的に体温を上げると、**就寝時にはその熱を体外に出そうと体温が下がる**ので、その結果、寝つきがよくなるわけです。

食事に関しては、夜遅くに何か食べるのは決してよくありません。できれば寝る五時間前には夕食をすませ、どうしても何か口に入れたくなったら、ビタミンBやカルシウムの多い乳製品か豆腐などにしておきましょう。

また眠れないからといって寝酒に頼ると、**アルコールの利尿作用で夜中にトイレに起きたり、かえって眠りが浅くなる**ので控えるべきです。

さらに重要なのが、**無理して眠ろうとしない**ことです。「眠らないとまずい」「何としても眠りたい」と神経質に思い詰めるほど、眠気は遠のくことが多いので、眠れないときは「一日やそこら寝なくても平気だ」と開き直ったほうが気が楽になり、かえってリラックスできます。

それでも、どうしても寝つけないという人は、いつもより一時間多く散歩なり運動してみること。疲れていれば自然と身体が睡眠を求めて、案外簡単に眠れたりするものです。

最後に、きちんとした「睡眠のリズム」を作る最大のポイントは、**毎日決まった時間に起きること**です。

たとえ、前の日に寝るのが遅くて睡眠不足に感じても、家族がみんな出かけてゆっくり朝寝坊できる日でも、**起きる時間を極端に変えないこと**が、毎日の快適な睡眠をもたらすカギだと覚えてください。

第５章

お金の悩みは
深刻だけれど……

自分自身で収支を決定できれば、漠然とした不安はなくなる

老後の心を占める大きな不安の一つが、お金のことではないでしょうか。**一生お金がもつかどうか**と考え出したら明確な答えは出せず、死ぬまで不安は尽きません。

その不安に立ち向かうには、まず**はっきりした資産と負債のバランスシートを書いて、問題点を洗い出しておくべき**でしょう。

総務省が発表している平成二十二年度の「家計調査年報」によると、世帯主が六十歳以上の無職世帯（世帯員が二人以上）のひと月の消費支出は平均二四万六〇〇〇円、単身世帯では一四万六〇〇〇円という結果が出ています。

これを定年後の男性が平均寿命まで生きたとして二十年間分に単純計算すると、ざっと六〇〇〇万円ものお金が必要になります。女性はこの後、六年ほど長生きするのでさらに一〇〇〇万円が必要です。

また、財団法人生命文化センターが行なった平成二十二年度の意識調査によると、旅行やレジャー、趣味や教養、日常生活を充実させるための費用など、最低日常生活費以外に

必要と考える金額は平均一四万三〇〇〇円となっています。**ゆとりある老後生活を送りたい**と考えるならば、先の金額にさらに三五〇〇万円ほどの上乗せが必要ということになるでしょう。

溜め息が出てしまいそうな金額です。しかし、**これはあくまで突出したお金持ちまで含めた平均値です。**このような数字に踊らされて、ただ漠然とした不安に苛《さいな》まれる必要はありません。

正直なところ、老後の生活ベースとなる年金も、国民年金の場合は保険料を納付した期間によって給付金額が異なりますし、サラリーマンなどが加入している厚生年金も、現役のときの給与に比例して支給額が決まる仕組みになっているので、トータルの受取額は千差万別といえるでしょう。

最近は、**退職前の人にも将来受け取ることができる年金の予想額を、年一回送ってきてくれる**ので、その金額をしっかり把握しておく必要があります。

また、定年退職後の働き方によっても、その後の年金の給付に違いが出てきますから、自分がどのような形態で働きたいのか、その場合、年金の給付はどう変わるのか、年金事務所や社会保険労務士に相談し、納得のいく方法を選ぶのが基本です。

年金のほかに老後の生活水準を左右する要因として、持家かどうか、ローンは終わっているかどうかも大きな問題ですが、まず預金や株券の配当、投資信託、個人年金、不動産など、**諸々《もろもろ》の収入と負債を書き出すことから始める**とよいでしょう。

また夫婦のどちらか、あるいは二人ともが病気にかかり、入院を余儀なくされるなど、不意の出費が必要になることも考えておく必要があります。

ほかには住宅のリフォーム代、介護費用、子どもへの結婚費用の援助など、それぞれの家庭の事情に合わせて、今後の支出の予想を検討しておきましょう。

そうすれば、今後入ってくるであろう年金などの収入と照らし合わせて、**自分たちがひと月に使えるお金のだいたいの範囲が見えてくる**はずです。

その金額で収めるように工夫すればいい**目標**が見えてくると、漠然とした不安はなくなります。**「私はひと月にこれだけ使える」という確かな感覚**ができれば、それに応じた充実した生活が楽しめるでしょう。

仮にその額が思ったより少なかったとしても、なるべく貯蓄は切り崩さないようにと思えば、日常はできるだけ自炊して倹約し、月に一回ぜいたくな外食を楽しむとか、毎シーズン服を買うのではなく、多少高めでも気に入ったものを購入し、何年も着用するといった前向きな工夫ができるのです。

いずれにしても、多くの人の場合、**現役を退いたら「生活のダウンサイジング」が必須**です。老後のフィナンシャルプランを立てないまま、**今までの生活水準をずるずると続けていき、「このままではお金が足りない」と状況を悪化させて不安がる**ことこそ不幸といえるでしょう。

繰り返しますが、世の中の「平均値」といったものはあくまでも目安で、あなた個人の数字ではありません。現在、自分にどのくらいの資産があるのか、漠然とではなく正確に客観的に把握することが、**「将来の経済的不安」を消し去る唯一の方法**なのです。

もしあなたが現役の人なら、老後のライフプランを先に想定し、そのために必要な金額を今から一生懸命に貯蓄することもできます。要は**人任せにせず、周りに流されず、自分自身で収支を決定して行動できれば不安はなくなる**のです。

「老後の保険」を真剣に考えるほど、病気や介護の心配が少なくなる

高齢になるほど、健康への不安は大きくなっていくものです。自分だけでなく配偶者の

突然の入院、突然の出費……。「でも現役時代にかけていた終身保険があるから、あの医療保障で」と思い込んでいたら、**保障期間が終了していた**という勘違いがないように気をつけてください。

終身保険の多くには**「特約」**として医療保障が付加されています。死亡保障は保険料払い込み終了後も一生涯続く一方、特約の医療保障は六十歳、六十五歳という年齢になると保障期間が終了してしまうので注意が必要です。

年を重ねて、これからまさに「医療保険に頼りたい」ときに保障期間がなくなるわけですから、いきなり梯子《はしご》を外された気持ちになるかもしれません。でもこの場合、**医療保障の特約部分は、現役時代を対象にした「掛け捨て保険」**だったのですね。

そこで、保険を一度洗い直してみる必要があるでしょう。

先ほどのケースなら、医療保障が終了した時点で「希望すれば八十歳まで延長できる」という場合、**追加の特約保険料を一括で支払って（かなりの高額になります）医療特約を継続させるか、新たに別の保険に入るか**を検討します。

現在、六十歳を過ぎても契約できるシニア向けの保険も、各保険会社からたくさん提供されています。病気とケガの両方を保障するもの、ケガだけのもの、介護まで保障してくれるものなど実にさまざまです。

ただし保険によっては、病気に対応しても特定の疾患《しっかん》に関しては保障されないなど細分化しているので、契約を考える場合は保険の内容をよく吟味《ぎんみ》して、分からないところは、納得いくまで説明を受けるようにしましょう。**保険は、家や自動車と同じくらい「高額な買い物」**という意識を忘れないようにしてください。

また、**現役のときは「自分がもしものときの家族のため」**という視点からの保険でしたが、**現役を退いた後は「自分のため」「老後のため」**という観点から保険を見直していく必要があります。

まず自分が入っている保険の内容の確認から始めます。どういう場合に保険金が下りるのか、ガンや脳卒中、心筋梗塞の三大疾病《しっぺい》にかかったときや、要介護の状態になったときの生前給付はあるのか、またその金額はいくらなのか、入院特約がどうなっているかなどが大きなチェックポイントです。

具体的には、終身保険と終身型入院医療保険を組み合わせるのがベターだと考えられます。医療保険に加入するには年齢と健康状態が問題になるので、できるだけ早めに加入しておくといいでしょう。

さらに、生前給付のある保険を組み合わせればベストといえます。生前給付は「ガン保険」が一般的によく知られていますが、最近の注目は**民間の介護保険**です。これは介護が必要になった時点で介護一時金や、それ以降に介護年金が受け取れるものです（金額は契約した口数などで異なります）。

介護は老後の大きな不安の一つ。介護が必要になって、公的な介護保険だけでは十分なケアができない場合、**民間の介護サービスを利用すると、どうしても高額な費用**がかかってしまいます。

漠然とした将来の介護不安を軽減するためにも、民間の介護保険は加入を検討する価値があるといえるのではないでしょうか。

「倹約だけ」で人生が終わったら寂しすぎます

老後の生活は「病気になって手術したら」「介護が必要になったら」「寝たきりになったら」と、いろいろ出費のかさむであろう心配ごとが増えてくるのは確かです。

けれども、そのときの備えのためにと、**老後もケチケチ倹約して貯め込むだけ**では、せっかく現役から退いて自由な時間を過ごせるのに寂しいかぎりです。

一説によると、いちばん金融資産をもっている高齢者の世代が、将来への不安から手持ちのお金を使わずに貯め込んでいることが経済の停滞を招き、日本の不景気を長引かせている大きな原因であるとまでいわれています。

「死ぬまでにお金がもつのか？」という不安は分かります。しかし、それに対して完璧に準備することは不可能です。六十代で早くに亡くなってしまう人もいれば、百歳といわずとも九十代まで生きる人は珍しくないでしょう。その差は三十年もあります。

百歳近くまで生きると仮定して、それだけの十分な貯蓄ができる人が世の中にどれだけいるかと考えれば、**正直、どう頑張ってもできない人のほうが圧倒的多数**ではないでしょうか。

そこで、ある程度の備えはして、あとは「なるようになるさ」と開き直るように考えましょう。そうでなければ、**今ここにある幸せや楽しみの機会を逃してしまいます。**いつも不安がってケチケチと過ごすより、自分のやりたいことは、やりたいようにして過ごすほうがいいに決まっています。

もちろん、なにも一日で数万円、数十万円を使うような散財をお勧めしているわけではありません。**毎日を心豊かに過ごすには、多少のお金は必要かもしれませんが、そんなにたくさんのお金を使う必要もない**ことは、人生経験を長く積み重ねてきた高齢者なら十分に分かっているはずです。

たとえば、日々の生活の大きな楽しみである食べものでいえば、上等で本当に美味しいものを、ごく少量だけ買い求めるようにするのです。

特売もそうですがスーパーでは量を多く買えば、その分、単価が安くなるように売られています。普通は単価の安さに惹《ひ》かれて、つい大きいサイズやまとめ買いをしてしまうものです。それは家族が多かったときは、生活の知恵としてよかったでしょう。

ところが、**高齢になれば確実に食べる量が減ってきますし、基礎代謝も落ちています。**

それに、夫婦二人か単身の世帯も多いのではないでしょうか。

ですので、そんなにたくさんの量を買い込んでも、冷蔵庫に入れたまま結局は捨てる羽目になったり、**鮮度が落ちて不味くなったものを我慢して食べる**ことになりがちです。

これでは、貴重なお金を有効に使っているとはいえません。「安物買いの銭失い」ということです。多少単価が高くても、新鮮で上質なものを食べきれる分だけ少量、そのつど買ったほうが身体のためにもよく、また**心も豊かに過ごせるはずです**（住居や移動手段の問題で、まとめ買いせざるをえない場合は別ですが）。

また日々は自炊で倹約し、月に一度くらいは外食してぜいたくを楽しむのもよいのではないでしょうか。

同様に、**自分が楽しめる趣味にはちゃんとお金を使うのも大切**です。もちろん懐《ふところ》具合によって限度はありますが、観劇の好きな人なら回数を減らす代わりに、たまには高い席のチケットを手に入れるなど、トータルの金額は変わらなくても工夫次第でいつもとは違うぜいたくな気分を味わえるでしょう。

また、昔から**「時間はお金で買えない」**といいます。

そう考えると、**リタイア後の高齢者には、有り余るほどの十分な時間があるのですからそれは大きな資産の一つ**と言えますね。

近くの里山を夫婦でウォーキングして季節の変化を感じたり、園芸や野菜を育てることを始めたり、あまり手間のかからない小さなペットを飼ってみてもいいかもしれません。あるいは読書好きなら、大きな図書館めぐりをして好きな本を「発掘」したり、時間はかかるけれどお金のかからない「節約旅行」にチャレンジしたり……。

忙しい現役時代には味わえなかった、できなかった、やめてしまった、ゆったりとした

時間を自分の好きな行為で過ごすことこそ、いちばん豊かでぜいたくな生活ではないでしょうか。

今まで忙しさのあまり気づかなかった小さな幸せ、ささやかなぜいたくを一つずつ再発見していくことで、日々を穏やかに過ごしていく――。

そのためには大金は必要ありません。ものの見方を少し変えるだけでいいのです。

思考の老化――「オレオレ詐欺」なんて大丈夫と思うなかれ

子どもや孫など、身内をかたって金銭を騙し取る「オレオレ詐欺」が急増したのは二〇〇三年ごろからです。そして二〇〇七年の内閣府発表の『高齢社会白書』では、**その被害者の約半数が高齢者**と報告されています。

「オレオレ詐欺に引っかかるなんて信じられない。どうして自分の子どもや孫の声が分からないの？　私は絶対に騙されないわ」と、おそらく大部分の方が思っているでしょう。

しかし、これだけテレビや新聞で報道され、警察が犯人の画像入り手配書を目立つ場所に貼り出したり、銀行の窓口やATM（現金自動預け払い機）も警戒しているのに、いっこうに被害が収まらないのも事実です。

この背景には、**どんな人でも年齢を重ねるにしたがって思考が老化していき、自分でも気づかないまま判断力を低下させてしまう**という現実があります。ですので、今は「絶対に大丈夫だ」と思っていても、いずれ他人事ではなくなってくるかもしれません。オレオレ詐欺はその油断を突いてくる犯罪なのです。

最近では、単純に身内をかたってお金を無心するような方法だけではなく、さまざまなバリエーションの**「劇場型」**が増えています。**騙すほうは何百回、何千回と電話をかけているプロ**なので、案外、自分は大丈夫と過信している人間のほうが騙しやすいのかもしれません。

騙しの手法でよくあるのが、交通事故などの示談金を求めるものですが、近ごろはご主人や息子さんが痴漢をして捕まったその示談金だとか、会社のお金に手をつけて首になりそう、女性を妊娠させてしまい慰謝料を請求される、といった手口もあるそうです。

まず基本的な防衛策として、子どもや孫たちが電話をかけてくるときには、**最初にきちんと名乗るように伝えましょう。**そうすれば「オレオレ」としか言わない相手は、怪しいと気づきます。

また子どもや孫本人ではなく、警察官や弁護士などをかたってくる相手から「息子さんは今、電話に出られる状態ではありません」と言われた場合は、「息子は何と名乗っていますか？」あるいはストレートに「本当に息子ですか？　息子の名前は何ですか？」と問い質《ただ》せばよいでしょう。

ポイントは、質問して相手に答えさせることです。慌ててこちらから「ひろしは大丈夫ですか？」などと情報を与えてはいけません。

なかには暴力団関係者を名乗って「警察に知らせたら、息子がどうなっても知らないぞ！」などと脅《おど》してくる場合もあるそうなので要注意です。途中で怒鳴られたり、相手に強気に出られたりしても、決して冷静さを失ってはいけません。しょせん向こうは**演技**でやっているのですから。

また、**電話は常に留守電の状態にしておく**と、勧誘や迷惑な電話をある程度防ぐことができます。録音中に知り合いだと分かったら、途中で出ればいいのです。送信相手が表示される機能を付けておき、**相手先番号が「非通知」の場合は出ない**と決めておくのもよいでしょう（家族や知り合いには、その旨《むね》伝えておきましょう）。

警察の「オレオレ詐欺」への対策強化もあり、最近はＡＴＭからの現金での振り込みが一〇万円までに制限されているので、ＡＴＭからの振り込め詐欺の被害は確かに減少しています。

ところが、詐欺集団の手口はますます巧妙化する一方で、警察とイタチごっこの様相を呈《てい》していますから、常に用心を怠らないように心がけなければなりません。

たとえば、警戒の厳しい銀行のＡＴＭを使わずに、**コンビニのＡＴＭを利用させたり、**宅配便や郵便局の「レターパック」などで**現金を直接送らせるケース**などが増えているのです。

最近よくあるのは、警察官を装《よそお》った犯人から電話があり、「振り込め詐欺の犯人を逮捕したところ、あなたの口座が犯罪に使われていました。このままでは口座が凍結されて、入金も出金もできなくなります」と脅したうえで、**「新しいキャッシュカードを作る必要があるので、手続きのために暗証番号を教えてください」**と巧みに聞き出す方法です。

その後、銀行員を名乗る人物が「○○銀行の者です。警察の依頼で伺いました」と訪問してキャッシュカードの提出を求め、まんまと口座から預金を全額引き出すのです。

また、市役所や税務署などの公的機関を名乗って**「払い過ぎているお金があるので返金させていただきます」**といったん喜ばせながら、実際にはＡＴＭを使ってお金を払わせる

「還付金《かんぷきん》詐欺」という手口もあります。

結局は、何でも最初から疑ってかかるといった、警戒の気持ちを持ち続けなければならないということです。悲しいことに今の世の中、思考力や判断力が低下した高齢者を狙う卑劣な犯罪が横行しているのは事実。自分の身は自分で守るという覚悟をしましょう。

高齢者を狙う「悪徳業者」に騙されないためには?

高齢者の「虎の子」のお金を狙うのは、オレオレ詐欺だけではありません。**高齢者はとくに「お金」「健康」「孤独」という不安を抱えている**ので、そこにつけこんでくる悪徳商法や詐欺が跡を絶たないのです。

たとえば、高額の報酬を謳《うた》ったパートやアルバイトを募集し、いざ仕事を始めると店長や先輩従業員が執拗《しつよう》に宝石や着物などの高額な商品を勧めて買わせたり、仕事に必要だという理由で高価な備品を買わせたり、通信教育やセミナーを受けさせたりするアルバイト商法と呼ばれるもの。

「値上がり確実」「絶対に儲《もう》かる」と大きな利益が得られることを強調して投資や出資、

株の購入を勧める利殖商法。

「血液がサラサラになる」「背骨が矯正《きょうせい》される」「ガンが治る」など、健康に不安を抱える高齢者の弱みにつけこんで、高額な健康食品や健康器具を売りつける手口など、新聞の紙面がいくらあっても足りない状態です。

また**「子どもや孫でさえ寄りつかないのに、私の話を親身になって聞いてくれるから」**と足繁《しげ》く訪れる販売員の勧めるまま、必要以上に商品を買ってしまう気の毒な事例もあります。

これは羽根布団の販売などで問題になったので、ご存じかもしれませんが、このような悪徳商法に引っかかるのは、**孤独を感じている高齢者に多い**のです。また、熱心に勧められると断りきれないという、気のやさしい高齢者が狙われるのも確かです。あるいは「そんなに困っているなら一つ買ってやろうか」という**高齢者の善意が、逆手に取られるケース**も多いでしょう。

さらには「無料サービス」「無料体験」など「無料」を強調して興味を引き、別の高額な商品やサービスを購入させる無料商法という手口もあります。

リフォーム詐欺を例にとると、まずそのような業者は「サービスで床下を点検しています」「無料で耐震チェックをしています」と勧めにやってきます。

そして決まって「大変です！　床下にシロアリが発生しています。早く駆除しないと家が危ない」「すぐに耐震対策をしないと、地震がきて大変なことになりますよ」などと不安を煽《あお》り、工事に踏み切らせようとするのが典型的なパターンです。

実はこのような詐欺に引っかかりやすいのが、**意外なことにリタイアしたばかりの六十歳前後の年代**です。

というのも、働き盛りに新築したマイホームが実際そろそろリフォームの時期にあたる年代なのと、懐には退職金が出たばかりなので数十万、数百万円の改築費にもそんなに困らないという点で、**本人もリフォームに前向きな意思がある**からです。

まさにリフォーム業者にとっては、鴨《かも》がネギを背負っている状態です。このようなとき悪徳業者は、とにかく早く工事に踏み切らせようとするでしょう。この時点で相手が良心的な業者でないことがはっきりしますから、きっぱり断りましょう。

もし「風呂場を広くしたい」「子ども部屋を片づけたい」など本当にリフォームが必要なら、**自分で評判のいい業者を探して、こちらから連絡すればいいだけの話**です。本当にいい業者なら黙っても注文が来るでしょうし、素性も知れず勝手に飛び込んでくる業者を相手にする必要はありません。

このような無料商法についていえば、**「タダほど高いものはない」**と考えて間違いありません。

悪徳な訪問販売や勧誘に引っかからないためには、まず玄関のドアを開けないことがいちばんの基本です。インターホン越しにセールスだと思ったら、「今忙しいから」「必要ありません」とだけ言って切って相手にしないこと。

なかには、有名企業の社員や、消防署などの公的機関の職員であるかのように思わせて商品を売りつける「かたり商法」もあるので、うっかりドアを開けてしまうことがあるかもしれません。

このようなときも、根負けして商品を買ったり、契約書類に判を押したりしては絶対にいけません。**「与《くみ》し易《やす》し」と侮られて、この一回だけでは済まないかもしれないからです。**

とにかく毅然《きぜん》とした態度で断りましょう。あまり悪質でしつこいなら「不退去罪」という法律もありますし、**自分は高齢者なのですから、ためらわず警察に通報すべきです。**

繰り返しますが、たとえ自分にとって必要なものだったとしても、そのセールスが信頼できるか否かを確認した後で連絡しても、遅くはないのです。

今さら無理に「資産を増やそう」と思わない

「もうすぐ上場する未公開株を特別に売ってあげる」と言われて購入したところ、**業者からは「預かり証」を渡されただけ。**

ちっとも株券がもらえないので不審に思って業者に連絡すると、もうその業者は煙のように消えてしまっていたというのは、よく聞く詐欺の話です（あるいは高額配当を謳った株券を購入して受け取ったはいいが、配当はいっこうに支払われないなど）。

このような詐欺に騙されるわけでなくても、株式やFX（外国為替証拠金取引）、先物取引などによる投資の大損で、**老後の生活設計が破綻する**ケースが増えています。

今は「団塊の世代」がどんどんリタイアして、高齢者の仲間入りをしている時代です。この世代は、**ちょうど四十代の働き盛りの時代にバブルを経験しているだけに、投資に対して積極的**です。リタイア後は時間もできたし、これからは**「お金でお金を増やしていこう」**と考える人も多いのではないでしょうか。

確かに今の日本は「超低金利」が続いていて、銀行の預貯金などにつく金利は雀《すずめ》の涙です。月々の年金と預貯金だけでは、とても老後の生活に心許《もと》ないと思うのは当然で、うまい儲け話を耳にすると、つい食指が動いてしまう気持ちはよく分かります。

しかしお金がお金を生んだ、かつてのバブル時代（**銀行の定期預金で五パーセント以上の金利**も珍しくなかった）とは状況がまるで違って、今はデフレ不況の時代です。

これからは「お金でお金を稼ぐ」という発想を捨て、物価は下がっていくのですから、**今ある手持ちの資金を大切にして、それに見合った生活を考えるべきです。**

もちろん、投資する、投資しないは個人の自由です。しかし、投資の鉄則は「ハイリスク・ハイリターン」「ローリスク・ローリターン」であることを胆《きも》に銘じてください。

高いリターンを期待できるものは、リスクも高い。リスクが低い安全な金融商品は、リターンも低い。**例外は絶対にありません**（ハイリスク・ローリターンの商品なら、ありそうですが……）。「元本保証で高配当。必ず儲かります」などという虫のいい投資話は、最初から疑ってかかるべきです。

そして言うまでもありませんが、**投資はすべて「自己責任」**であることを忘れてはいけません。その結果、多額の損害をこうむっても、いさぎよく自分で引き受ける覚悟が必要です。

本来、非常に複雑でややこしい投資の仕組みも分からず、ただ「儲かるから」と言われてよく考えずに投資したら損したたというのは、当然の結果なのです。

もう、あなたはリタイアの身。これから子どもを育てるわけでもなく、新しい家を建てるわけでもないでしょう。極端な話、自分が死んだときに葬式代さえ残っていればいいはずです。

そんなに欲の皮を突っ張らせて「上がった」「下がった」と一喜一憂し、儲かっているときは気分がよくても、**損を抱えているときは「やらなきゃよかった」と後悔し、将来がますます不安になり、無性にイライラして周りにも迷惑をかけて嫌われる……。**

それよりは、今ある範囲で余分なストレスなく気楽に暮らしたほうが、幸せではないでしょうか。こう思い切れば、くだらない投資詐欺にも引っかかりません。

引退後は「義理のつきあい」も自分流に変更しよう

現役を退いて清々《せいせい》することの一つに、**義理やしきたりといった「しがらみ」に縛られなくてもよくなる**ことがあるのではないでしょうか。

仕事の接待ゴルフなどはその典型です。上司や取引先がゴルフ好きなら、どんなに忙しいときでも休日返上で早朝から出かけ、気を遣ううえに勝ってはいけない。かといって負け過ぎてもいやらしい。遊びのはずなのに精神的なストレスが溜まるは、身体は疲れるは、料金が高いは、と踏んだり蹴ったりでした。

また、そんなに実りがあるとは思えない会社の会合にも、おつきあいで出席しなければならなかったりで、本当にがんじがらめの生活を送っていたかもしれませんね。

でも、リタイアした後は、もうそんな縛りはありません。

ゴルフでも旅行でも食事会でも、自分の気が向いたら出席すればいいし、気が向かなければ**「また次の機会に」**と断ればいいのです。

ところで、これは親戚づきあいや冠婚葬祭についても、同じようなことがいえるのではないでしょうか。もちろん地域の事情もあり、「本家か分家か」など立場の違いもあって一概にはいえないかもしれませんが、基本的には、自分の好きなように変えていけばいいと思います。

「義理のつきあい」を自分流に変更するのは、精神的なストレスの緩和だけに留まらず、経済的にもよい効果をもたらします。

たとえば、年齢を重ねれば悲しいことに、それだけ訃報に触れる機会も多くなります。

相手が仕事上の知り合いで、それほど親しい間柄ではなくても、訃報が届けば葬儀に参列するのが礼儀と考える人も少なくないと思いますが、そうなれば香典としてそれなりの金額を包まなければなりません。度重なると、年金暮らしの身には堪《こた》えるものです。

ここは**「心から見送りたい場合だけ参列する」**と思い切って、失礼する場合は弔電《ちょうでん》で済ませたとしても、誰も非難はしないでしょう。

盆暮れのやりとりなども同様に、毎年続いた義理だから仕方がないと負担に感じている相手に対しては、さりげなく**「年金暮らしになりましたので」**と伝え、年賀状や暑中見舞いを送るように変えていけば、贈答品がなくなっても理解してくれるはずです。

ひょっとしたら、相手もあなたと同様のことを考えていたかもしれません。

たとえ不義理と思われようと、負担に感じるなら、もう老後の生活ですから、**それほど今後に影響はないと割り切ってもいい**のです。遠くの親戚の度重なる法事なども、わざわざ高額の交通費を使ってすべて出席する必要はないと考えても構わないでしょう。

将来を不安がるより先に「生活のダウンサイジング」を

先ほども触れましたが、多くの人が**老後の生活に感じる経済的不安**とはいったいどんなものでしょうか。

「年金だけでは、食べていけないのは分かっている。毎月の赤字を補塡《ほてん》するための貯蓄はあるが、それを食い潰してしまったら、その先はどうなるのか？」

「年金受給額は、デフレで物価が下がっているといって減額されるかもしれない。反対に医療や介護保険の自己負担は、国の財政赤字の影響で引き上げられるかもしれない。それを考えるとこの先心配で……」といった不安が一般的だと思われます。

しかしはっきり言いますと、このようなことを心配していても何も解決しません。テレビや雑誌など**マスコミが現役世代に向けて煽り立てていることを、ただ漠然と不安に感じているだけではないでしょうか。**

前述の「家計調査年報」（平成二十一年）によれば、世代別月間生活費（世帯員が二人以上、平均値）は六十代前半で二八万円、六十代後半で二六万円となっています。

確かにこの数字を見ると、とても夫婦の年金だけではやっていけません。その赤字分を貯蓄で補っていくことになるのですが、「それもいつまでもつか……」ということなのでしょう。

しかし、この統計は六十代の平均値です。六十代の人たちはまだリタイアしたばかりで、**生活水準も現役時代の延長が続けられている**のだと考えられます。

食費を例に考えてみましょう。同様に「家計調査年報」によると、六十代の月間食費は約七万円で、現役世代の五十代の七万六〇〇〇円から六〇〇〇円しか減っていません。

年をとれば食べる量も少なくなりますし、脂っこい肉類よりも豆腐など胃に負担の少ないあっさりしたものを好むようになることを考えれば、やはりどこかに無駄があると考えて間違いないでしょう。

ほかの支出項目も、同じようなものと考えられます。

「年金だけではやっていけない」と不安がるより、まず現役時代に身につけてしまった生活の無駄やぜいたくを見直す必要がありそうです。

もちろん「極端なケチケチ生活」を送るべきだといっているわけではありません。今の手持ちの収入に見合うような**「生活のダウンサイジング」(小型化)**を考えるべきだと、申し上げているのです。

そのためにはまず、先述のように今の自分の資産を整理して的確に把握する必要があります。

預金口座を複数もっているなら、銀行に一つ、ゆうちょ銀行に一つくらいに整理しておいたほうがいいでしょう。取引がある証券会社も一つにまとめておきます。

老後はいつ何時、何が起こるか分かりません。そこで、自分でお金の出し入れや管理ができなくなったとき、**誰かに頼んで代わりにやってもらう場合も考えて、資産関係はできるだけシンプルにしておく**ことが望ましいでしょう。

そして資産の一覧表を作っておきます。普通預金、定期預金、生命保険、そのほか投資信託や株などは購入したときの金額ではなく現在の時価で計算して、老後資金の総枠を正確に把握しておきましょう。

なかでも株や投資信託など価格が変動するものは年に一、二度見直して、最新の資産の状況を把握するように努めます。

このように老後資金の全容を正確につかめれば、前述のように、あとはそれに見合った生活をそのつど考えていけばいいだけのことです。知恵と工夫で「生活のダウンサイジング」を実行し、**月々の収支の帳尻さえ合わせていけば不安もなくなります。**

加えて、もし持ち家の人なら**自宅を担保に老後資金を借りる、**いわゆる「リバースモーゲージ」という銀行融資の方法があるので、老後資金を捻出《ねんしゅつ》する**最後の手段**として覚えておけば心強いでしょう。

「依存心」があるのはどちら？——子どもに資産を残すべきか

日本には個人金融資産がだいたい一四七一兆円あるといいます（二〇一一年九月末）。そして半分以上の約六〇パーセントを、六十代以上の高齢者が保有しているそうです。

そのうえ**多くの日本人は二〇〇〇万円前後の資産を残して死んでいく**というのですから驚きです。

数字の面から見ればそんな恵まれた状況なので、高齢者への年金の支払いや医療費のために高負担を強いられている若い世代から「そんなにお金をもっているなら、年金受給額を引き下げたって大丈夫じゃないの？　こっちはこれから子どもを育てなきゃならないんだから、本当に生活できなくなるのはこっちだよ」と文句を言われても仕方がないかもしれません。

結局、老後の生活が心配だからと蓄えた財産を、**多くの高齢者は使い切れないで死を迎える場合が多い**ということでしょう。

もちろん、資産を残せば子どもたちは喜んでくれるはずですが、実は現在、家庭裁判所で扱う案件でいちばん多いのが**遺産相続争い**なのです。

遺産相続争いなんてお金持ちの話で、庶民の自分たちとは無縁だと思っている人も多いかと思いますが、遺産総額が数百万円とか、小さな家を一軒残しただけというような少額遺産をめぐって争うことも珍しくないといいます。要は、**誰の取り分が多いか少ないかで揉《も》めるわけですから、もともとの額の多寡《たか》は問題にならない**わけです。

そういうことを考えれば「児孫《じそん》のために美田《びでん》を残さず」と言った西郷隆盛のように、自分で稼いだお金は、自分の人生ですべて使うと思い切ったほうがいいのかもしれません。

現役時代は「子ども最優先」でお金を使ってきたのですから、老後は自分自身のためにお金を使って残りの人生をできる限り、豊かに過ごせばいいという考え方です。もちろん借金を残すのはいけませんが、子どもに多額のお金を残す必要もありません。

また**「年金暮らしで余裕がない」と文句を言いながら、成人して独立している子どもに**

お金の援助をしたり、孫に会うたびに何か贈ったりしていませんか。

孫も小さいうちは要求してくるのが玩具《がんぐ》などの可愛いものですが、会うたびに買い与えたり小遣いを渡していると、**孫はそれを当然の権利と思い込み、**祖父母のことを**「会えばいくらでもお金を出してくれる人」**と考えるようになります。それは意図せずともお金を間に挟んだ関係となり、真の情愛を育《はぐく》む障害になるのではないでしょうか。

もし子どもや孫にお金を渡すときに、心の片隅で**「嫌われたくない」「いざというときに世話になるかも」という引け目を感じているの**なら、そのいじましさ故に、いずれ**「金の切れ目は縁の切れ目」**と、ばっさりやられることにもなりかねません。

そんな悲しい結末にならないためには、お金は基本的に自分のために使い切ると考え、**精神的にも経済的にも子どもに依存心があるところから自立しましょう。**

「自分に稼ぐ能力がある」と思えれば、心の安定につながる

老後の「生活のダウンサイジング」の必要性について先に述べましたが、もし年金だけで生活するのがどうしても苦しかったら、結局のところ、**その足りない分だけでも働いて**

稼げばいいと覚悟するだけのことです。

もちろん、現役時代のような収入の仕事を望むことはできないでしょう。今は新卒の若い人でも未曾有《みぞう》の就職難に直面しているのですから、定年退職者ならなおさら簡単に仕事を見つけることはできません。

しかし、**仕事をしなければ生活していけないのであれば、仕事をするしかないのです。**たとえ少額でも生活費のベースとなる年金はあるわけですし、仕事ができるだけ健康であれば、そのことに感謝するべきです。

それまでのキャリアや見栄にこだわらず、提示された給料が予想より低くても、年下の人間に指示されようと、**それが今の自分の評価なのだ**と素直に受け入れれば、仕事は必ず見つかるものです。

また、働かなくても生活に余裕がある人、何とか食べていける人にも「働いたほうがいいですよ」と確信をもってお勧めします。理由は二つあります。

まず、**いくつになっても「自分に稼《じか》ぐ能力がある」と自覚できること**です。それは**生きる張り**にもなります。社会と直に接し、自分の労働に対して賃金が支払われることが自信となって、拠《よ》りどころのない老後の不安を拭《ぬぐ》い去ってくれるのです。

働く条件や環境によっては、**「このくらいの稼ぎなら働かないほうがマシだ」**と思える場合もあるでしょう。しかし時間や労力のデメリットを埋めても、余りあるほどの確かな軸が心の中にも日常生活にも得られるのです。

そして、二つ目の理由は**元気で長くいられること**です。働くためには頭と身体を使いますから、高齢から来る運動不足を解消し、普段使わないと衰える脳の活性化にも大いに役立ちます。

また、**仕事で生じるプレッシャーや責任感も脳を若々しく保ってくれます。**最近の研究では脳細胞はいくつになっても再生されるといいますから、仕事をして老いのスピードを緩《ゆる》めれば、つまるところ**「ボケ防止」**になるというわけです。

もちろん「もう十分に働いたから、この先はずっと遊んで暮らしたい」と思う人もいるでしょう。そこは人それぞれで、当人が老後を楽しく過ごせれば全然構わないのですが、実は**遊んでばかりではだんだん飽きてきたり、そんな毎日が不安になって楽しめなくなる**ものです。

やはり**メリハリというか緊張と緩和が必要**で、遊ぶことを目一杯楽しむためにも、元気なのにまったく仕事をしないというのは得策ではないと思います。

適当な仕事が思いつかない人は、ボランティアや、地域のシルバーセンターをのぞいてみることをお勧めします。

「日々の買い物」をスリムに変えていく方法

最近、流行のダイエットに**「レコーディングダイエット」**という方法があるのをご存じでしょうか。その日に食べたものを、すべてメモ（記録）するという簡単な方法ですが、これが意外と減量につながるといいます。

食べたものを書き出していくうちに、**いかに自分がちょこちょこと無自覚に食べものを口に運んでいるか**が理解できて、自然と食べる量、内容をコントロールできるようになるからだそうです。

この方法は**「お金の無駄遣い」防止にも有効なはずです。**つまり、毎日レシートを整理する際に買ったものと金額を書き出し、その日の出費の合計と、ひと月ごとの合計を算出するようにするのです。

要は**「出費だけを記録する家計簿」**のようなものですが、これを続けていくことで無駄な買いものに気づくようになるし、月末に合計するので、ひと月の収入と何とか帳尻を合わせようとするはずです。「今月は散財してしまったから、来月はちょっと倹約しよう」といった前向きな反省にもつながります。

また仕事をリタイアした当初は、以前の癖が抜けないのか、**現役時代のぜいたくをそのまま続ける買い物の仕方をしている**のではないでしょうか。

今後は、たとえば食事なら一週間に一日は「冷蔵庫にあるものだけを使う日」と決めてそれまでの残りもので野菜炒《いた》めやシチューなどを作りましょう。こうして買いものを休む日を決めて、それまで捨ててしまっていたような無駄をなくすのです。

これはほんの一例ですが、**生活全般で節約の工夫を楽しめる**ようになれば、後ろ向きな気持ちにならず、脳の活性化にも役立つのではないでしょうか。

またクレジットカードを使用するときは、商品を売る側が作り出した「衝動買いを促すためのツール」と心得ておくべきです。実際、**年金生活になって手元不如意《ふにょい》になってくると、**どうしてもほしいもの、あるいは自分のためでなくても、孫の祝いや記念日などに買ってやりたいものは**「カードを使えばいいいか」という誘惑が強くなります。**

もちろん、カードをもつ必要はないと言っているわけではありません。ただ、いったんカードで買い物することに慣れてしまうと、**現金で買い物するより精神的なハードルが格段に低くなります。**

「クレジットカード中毒」になる人は、手元にお金がなくてもほしいものがどんどん手に入ることを快感に覚えて止まらなくなるそうですが、自分は今後の収入も大きく限られる身の上であることを重々承知して、厳しく自制する気持ちをもつべきです。

管理のためにも、手持ちのカードは一、二枚に減らしておくことをお勧めします。

いざというとき「金銭的な手続き」まで頼める人はいますか？

一人暮らしだったり、あなた自身が夫や妻の介護者である場合、ある年代になったら**誰かの手助けが必要になる事態が起こる**と想定しておくべきです。

たとえば、**予想外の緊急入院**の場合一つとっても、入院のための保証人、入院保証金の支払い、入院費の支払い、手術の同意者など、どうしても誰かの手助けを得なければならないことばかりです。

いざというとき金銭的なことまで頼める身内や友人がいないと、今は元気で頭がはっきりしていても、いずれ一人で生活するのが困難になり、財産管理が難しくなってくるなど、思考力や判断力が低下してきたときのことが不安になるのは当然でしょう。

このようなとき、高齢者が社会的な不利益を被《こうむ》らないようにサポートしてくれる公的制度があるので、ここで紹介しておきます。

担当しているのは、市町村にある**社会福祉協議会**です。

ここでは地域福祉権利擁護事業として、判断力が低下した場合でも高齢者が住み慣れた地域で安心した自立生活が送れるように、福祉サービスを利用するときの援助や金銭・書類などの管理を支援する**「日常生活自立支援事業」**と、より手厚い支援が必要になった人のための**「成年後見制度利用支援事業」**の二つを行なっています。

まず「日常生活自立支援事業」のほうですが、自治体によって多少の違いはあるものの、一般的に大きく分けて三種類のサービスを提供しています。

一つ目は、介護サービスをはじめとする福祉サービスの利用、また利用停止に必要な手続き、福祉サービスの利用料支払いの手続き、年金・福祉手当ての受領などに必要な手続き、医療費・税金・社会保険料・公共料金・家賃の支払いなどのサポートです。

二つ目が、税金・医療費の支払いなど日常生活に必要な預金の引き出し、預け入れ、解約の手続きといった日常的な金銭管理サービスになります。

そして最後は、預金通帳・年金証書・権利証・契約書類・保険証書などの書類と、実印・銀行印などの印鑑の保管をしてくれるサービスです。

相談や契約は無料ですが、その後の生活支援員による直接のサポートには費用が発生しますので、詳しく知りたい場合は地域の社会福祉協議会に相談しましょう。

次に「成年後見制度」ですが、これは判断力が衰えた高齢者を保護する制度で**「法定後見」**と**「任意後見」**に分けられます。

法定後見制度は、すでに高齢者の判断力が衰えてしまった後に家族などが申し立てるものですので、**高齢者自身は任意後見制度のほうを知っておくべき**でしょう。

これは将来、思考力や判断力が低下したときのために、あらかじめ自分が信頼できる後見人（任意後見受任者）を選んでおいて、いよいよそのときが来たら、その後見人から必要な支援・保護を受けることができる制度です。

後見人は不動産の管理、金融機関との取引などの財産管理一般と、家賃・治療費・入院費の支払いなどの身上監護《かんご》を行ないます。

後見人の契約は公正証書を取り交わし、後見監督人が任意後見人の事務を監督し、家庭裁判所に定期的に報告しなければならないなど、後見人による不正を防げるような仕組みになっています。

この制度の利用について聞きたいことがあれば、地域の成年後見センター、公証役場に問い合わせて相談することができます。また、自分で成年後見人を探すのが難しい場合は弁護士などの後見人候補者を紹介してもらうこともできます。

利用するしないは別として、**このような制度があることを知っている**だけでも、老いの不安がずいぶんと軽減されるのではありませんか。

身元保証など「みまもり家族制度」の支援も利用できる

ずっと独身の人、離婚した人、連れ合いに先立たれた人など、一人暮らしの高齢者の事情はさまざまですが、この先の暮らしを考えると不安がつきまとうのは、全員の共通した思いでしょう。

いざというとき、すべてを安心して任せられる人が近くにいるのは大変ありがたいことです。けれども天涯孤独という人や、子どもや孫が遠方にいて迷惑をかけられないという人、信頼できる友人はお互いに高齢であるという人などが、**「自分の面倒をみてくれる誰か」**を見つけるのはなかなか難しいことです。

そのような高齢者をサポートしてくれる公的制度については前項でも紹介しましたが、福祉サービスとしての「成年後見制度」では、**後見人は入院の保証人や老人福祉施設、アパート、マンションに入居する際の保証人にはなれない**のです。また、**手術や検査などに同意することもできません。**

こうした公的サービスでは**守備範囲外**となる身元保証人や手術の同意・立会いも含め、「こんなときに誰かいてくれたら」と思うサポートを、費用はかかりますが家族のような細やかさで提供してくれるのが**「みまもり家族制度」**です。

これは公益財団法人「日本ライフ協会」が展開している支援活動で、提供しているサービスは身元保証人をはじめ、生活支援、金銭管理、成年後見など多岐にわたり、かゆいところにまで手が届くラインナップになっています。

たとえば、入院時の立会いや福祉施設への入所申込みから面接、その後の事務手続きも行なってくれますし、引っ越しのサポートから入居、入院、入所後の日常生活の支援、また入院中の買い物やクリーニング、自宅に届いた郵便物の管理や役所への手続き、金融機関への支払い代行などもしてくれます。

ほかにも介護認定のサポートや福祉施設の見学同行、ケースワーカー、ケアマネージャーとの協議なども支援内容の一部です。

また万一の緊急入院や危篤《きとく》のとき、家族の一員として駆けつけ、医師との協議を行ない、契約者の事前の希望に沿って遠方の親戚や知人への連絡、状況に合わせてその後の付添いもしてくれます。

葬儀や納骨なども契約者と相談のうえ執《と》り行なってくれますし、死亡後の行政への届け出、事務手続き、電気・ガスなどライフラインの停止や家財道具の処分も行なってくれます。

このほかにも、遺言書の作成や相続に関するサポート、先祖の供養や墓地の管理など、高齢者が「放っておいたまま死ねない」と考えている問題に、まるで家族のような立場に立って相談、支援してくれるのです。

もちろん金銭管理や遺言・相続などに関しては、弁護士、司法書士、行政書士を擁する共助事務所と連携しているので安心です。

ただ先にも述べたように、この「みまもり家族制度」は公的サービスではないので、**そ**

れなりのコストがかかります。

一般プランでは入会時に預託金として、終身の身元保証料三六万円を含む合計九〇万円が必要になります。さらに緊急時の支援や葬儀、納骨までもサポートしてもらうと、死後の支援としてさらに三〇万円の預託金が必要です。

また日常生活支援は、毎月の支援費用を精算し、支援内容報告と請求書を送付のうえ、口座振替により支払う仕組みになっています。

ほかにもいろいろなプランがありますから、自分に必要なサービス・サポートに応じて最適なプランを選ぶとよいでしょう。事前の相談にも乗ってくれますので、関心のある人は一度問い合わせてみてください。

公的および民間にどのような高齢者の支援制度があるか、自分が必要になりそうなものを事前に調べておけば、老後のイライラやストレスを軽減することができると思います。

第６章

老いを忘れさせる生きがいづくり

生きがいの充実――「毎日遊んで暮らそう」では長く続かない

「リタイアした後は、毎日遊んで暮らそう」と考えている人も多いかと思います。

けれども実際に、現役時代から夢見たその状態になると「何か仕事をしたい」と思うようになる人が多いのも事実です。人間はやはり、**無為に日々を過ごすよりも「何かの役に立ちたい」「誰かに必要とされる人間でありたい」と欲する生き物**のようです。

仕事を通じた社会とのつながり、人とのつながりは、死ぬまで生きがいを与えてくれるものですから、現役をリタイアした後は地域のボランティアに参加するのもよし、自治会や町内会の役員を引き受けてみるのもいいでしょう。

でもどうせなら、現役時代の経験や知識を活かせる場があれば、より充実した生きがいが得られるという意味でも、それに越したことはありません。

まず、地域の**シルバー人材センター**をのぞいてみてはいかがでしょうか。自分の能力を活かせる仕事が見つかるかもしれません。

もし保育士の資格をもっている人なら、ベビーシッターの仕事はひっぱりだこです。教師の経験がある人なら、地域のコミュニティセンターなどで得意分野の講座の講師をしたり、子どもたちを集めて宿題などを教えてあげることもできるでしょう。

不動産関係の会社で働いていたある人の場合、リタイア後は自分が住んでいるマンションの自治会に参加して、マンションの修繕や管理組合の運営などについて専門的知識に裏打ちされた助言をしたことから、今では自治会に欠かせない中心人物になっているという話もあります。

医療スタッフや農業技術、公益事業、エネルギー分野など、とくに専門的な技術をもっている人なら、国際協力機構（ＪＩＣＡ）が募集している「シニア海外ボランティア」に参加してみるのもいいのではないでしょうか。海外で一〜二年、ボランティア活動をして国際貢献するというのも、**現役時代では考えられなかった経験とやりがい**を得られるでしょう。

また特別な資格がなくても、地域で必要とされている仕事はいくつもあるはず。

たとえば、ずっと専業主婦として過ごしてきた人なら、主婦のプロとしての技を活かして家事手伝いのボランティアができるし、介護の経験から高齢者の生活支援をしてもいいわけです。

「自分の経験を活かせる仕事はないか？」と思っているだけでは、**たとえボランティアだろうと、仕事は向こうから転がり込んではきません。**まずは自分で一歩を踏み出すことから、すべてが始まるのです。

シニアボランティア――小さな社会貢献が心の大きな満足に

人に何か親切にしてあげて「ありがとう」とにっこりお礼を言われたら、誰でも心が満たされるものです。**人の役に立っているという思いは生きがいになり、自分の存在価値を確かめられ、満足感を与えてくれます。**

おそらく「誰かの役に立ちたい」「社会に貢献したい」という思いは、どんなに年をとってももっているでしょう。前項でも述べましたが、そんな気持ちに後押しされて、小さな社会貢献を始めてみるのはどうでしょうか。

「ボランティアなんて、体力のない年寄りが出る幕じゃないよ」なんてことは決してありません。**高齢化社会の今、高齢者のボランティアこそ切望されている**のです。

たとえ大きな仕事ができなくても、子どもたちの通学の安全を見守ったり、自分より高齢の人の在宅生活を支援するなど、身近なところにもたくさんの地道な活動があります。

やる気はあるけれども、自分にどんなボランティアができるのか、どうすればボランティア活動に参加できるか分からないという人は、先ほども紹介した地域のシルバー人材センターに問い合わせてみましょう。

家事のちょっとした手伝いから、草取りや水やり、庭木の剪定《せんてい》、エアコンの掃除、網戸・障子の張り替え、農作業、観光ガイド、日曜大工的なものなど、地域によって多彩な仕事があります。

まずは自分にできそうな仕事を、センターに登録しておけばＯＫです。未経験のものや技術的に自信がないものは、事前にセンターの技能講習を受けるシステムになっているので心配はいりません。仕事の内容によっては報酬も得られますから、満足度は大きいでしょう。

とくにシニアボランティアの人にお勧めしたいのは、**高齢者の一人暮らしの生活支援をするボランティア**です。具体的には、その人の話し相手になったり、家事の手伝い、病院やデイサービスの付き添い、買い物のサポートなどをします。

この仕事をお勧めするのは、ボランティア活動を通じて精神的な満足を得られるほかにもう一つ得るものがあるからです。それは「**人生の先輩**」ともいえる高齢者のお世話をすることで、**自分の近い将来の生活や姿が具体的にイメージでき、**それが老いへの備えに役立って、精神的な心構えもしっかりできるようになることです。

そうした具体的なイメージをもとに準備できると、**無意味な心配をすることがなくなる**ので、毎日を穏やかに過ごせるようになるでしょう。

定年後の「地域デビュー」——肩書きがないからこそ笑顔が大事

現役時代は、仕事の能力で周りからの評価が決まりました。しかし、**老後はそんな基準はありません。**もっと気楽に過ごせばいいのです。

逆に、もう過去のものになった現役時代の肩書きや成功に固執し、それを印籠《いんろう》のように振りかざす人は嫌われてしまいます。

では地域社会で歓迎され、自然と周りに人が集まってくる「人生後半のスター」になるのはどんな人でしょうか。**それは第一に、笑顔のすてきな人です。**

確かに、今まで仕事が忙しくて地域のコミュニティには無縁だった人が、老後の生活を充実させる一歩にと**「地域デビュー」**しようとしても、公民館での講座や地域の集まりに初めて参加するときは緊張し、気後《きおく》れしてしまうでしょう。

現役時代なら名刺を出して会社と役職、それと仕事内容を言えば自己紹介は事足りたかもしれませんが、地域社会ではそうはいきません。初対面の人とどのように接したらいいか、自分を何と説明したらいいのか分からなくて、ついついしかめっ面になり、係の人や講師の先生が「早く来ないか」と押し黙っているのではないでしょうか。

そんなときは、まず笑顔を心がけましょう。誰だってムスッとしている人より、ニコニコしている人に好感をもつものです。

教室や集合場所に行ったら、目が合った人や自分に気づいてくれた人に向かって笑顔で「こんにちは」と自分から挨拶しましょう。

そうすれば、向こうからも「こんにちは」「初めてですか?」などと返ってくるはずです。そこで「ええ、よろしくお願いします」と言えば会話は成立です。何といっても、最初の笑顔が肝心なのです。

その笑顔は、はっきりと相手に分かるような明るいものでないといけません。**自分では笑っているつもり**でも、ただ微妙に表情を崩しただけに見えるようでは、笑顔の意味を成さないからです。

現役のときは、そんな表情もちょっとした威厳として受け取られたかもしれませんが、そのような面子《めんつ》やこだわりは捨てましょう。笑顔は相手の心の扉を開けるカギと思って、「恵比寿様《えびす》」のような満面の笑みがいちばんよいのです。

また、挨拶を交わしてお互いに自己紹介した相手の名前は、しっかり覚えておくことが鉄則。そして次に会ったときに「○○さん、こんにちは」と笑顔で話しかけるのです。

誰だって、会ってすぐに自分の名前を覚えてくれたら嬉しいに決まっています。そこまでスムーズにいけば、もう一歩相手に近づくことができ、さらに打ち解けるきっかけもつかめるでしょう。

すてきな笑顔を心がけるのと、人の名前をしっかり覚える。この二つを実行するだけで「地域デビュー」は成功し、自然と周りに人が集まってくるはずです。

「オープンカレッジ」でもう一度大学に通ってみませんか？

「若いときにもっと勉強しておけばよかった」と感じたことがある人は多いと思います。

あるいは仕事に励んで、年を重ねていくうちに、今まで自分が携わってこなかった新しい分野に興味が湧いてきて、**「もう一度本格的に勉強したい」**と思う人も少なくないのではないでしょうか。

そんな自分の夢を思い出し、リタイア後のたっぷりある時間を有効活用して、もう一度本格的に大学へ行ってみるのも刺激的で楽しいかもしれません。

しかし、「今さら受験勉強なんてちょっとハードルが高いよ」と思われる人には、オープンカレッジ（公開講座）がお勧めです。参加するための試験などはありません。**申込みをして受講費用を払えば、誰でも講義を受けることができます。**

最近は若い学生の人口が減る一方で、すでに大学を卒業した社会人に向学心の強い人が増えてきたことを受け、各大学も積極的に社会人への門戸を開いています。

講義内容も「『万葉集』を読む」「活断層と地震」といった学術的なものから、「インポートビジネス実践塾」のような仕事と結びついたもの、「みそ・醤油・酢・甘酒・麦汁《ばくじゅう》・納豆をサクサクつくる」などの趣味的なものまで多彩です。

詳しい講義内容は、オープンカレッジを開いているそれぞれの大学のホームページを見るなり、問い合わせて資料請求してみるとよいでしょう。

首都圏で社会人を対象にしたオープンカレッジに力を入れている例としては、早稲田大学エクステンションセンター、明治大学リバティアカデミー、東京農業大学エクステンションセンターなどがあります。

だいたいホームページから入会や講座への申込みができるようになっており、人気の講座はすぐ定員いっぱいになるそうですから、申込みはお早めに。

オープンカレッジは、**大学のキャンパスに直接足を運んで現役の学生気分を味わえる**ところが、地域のカルチャーセンターと大きく違います。若い人たちに混じって学食でランチなどすれば、心まで若返るのではないでしょうか。

それらの講座に参加している人たちは、**年齢、性別、社会的ステイタスも千差万別**とあって、きっと**今まで知らなかった世界にも交友関係が広がっていきます。**

近くにオープンカレッジの講座を開いている大学がないという人は、代わりに通信講座を受講する方法もあります。通信学部を設けている大学もたくさんあり、日本全国どこに住んでいてもその講座を勉強できるのが利点です。

単位を取得することもできますが、そのためにはスクーリング（schooling）といって、ある一定の期間、実際に大学に通って授業を受け、レポートの提出や試験などを受けなければなりません。けれども**仕事に束縛されない退職者なら、スクーリングに参加すること****も比較的簡単**ですし、珍しい経験として記憶に残るでしょう。

もっともっと勉強したい、ある分野を究《きわ》めたいという気持ちが湧いてきたなら、二部（夜間）に編入する道もあります。一部（昼間）の学部よりも入試レベルがやさしく設定されているのも魅力的。卒論を書いて大学卒業証書を手に入れれば、晴れて学士です。

あなたの知的好奇心を満足させ、世界を広げてくれるオープンカレッジを一度のぞいてみませんか。

「男女一緒に遊ぶ」のが、高齢者のつきあいの理想

ひと昔前まで「人間は年をとれば枯れていくものだ」と多くの人が考えていましたが、超高齢社会に突入した今では、そう思っている人は少なくなりつつあります。

とりわけ、いつまでたっても色気は大切です。異性に気持ちが動く、ドキドキするとき、**体内では若返りのホルモンがたくさん出ている**からです。恋心こそ元気の素といえるでしょう。

いい年になって、韓流スターや往年の映画俳優、はたまた娘や孫といっしょに若手アイドルに憧れ、テレビを見たり写真集を買ったり、コンサートに出かけたり、追っかけをするのも恋。水泳教室の若くて格好いいインストラクターに少しでも声をかけてもらおうと、熱心に練習するのも恋の一つです。

また、女性の多い老人施設に男性が新しく入居すると、女性たちはそれまでより和《なご》やかで華やかな様子を見せるようになるという話を聞きます。**同性ばかりのときは無頓着でも、異性がいるとみっともないところは見せたくない心理が働く**のです。

さらに、昔からゲートボールの盛んな地域は、医療費や国民健康保険の支出が少ないというデータもあります。

男女が混ざって遊ぶことで、お互いの気づかいや異性に格好よく見られたい積極性が心を若々しく保ち、服装や話す内容にも頭をめぐらし、太陽の下で身体を動かす肉体的効果とあいまって、よい結果を生んでいるのでしょう。

すなわち趣味の集まりやサークルなど、「男のみ」「女のみ」の時間を過ごすのも気楽で楽しいものですが、**男女一緒に遊ぶ活動にも積極的に顔を出すのが、高齢者のつきあいの理想**といえるのではないでしょうか。

社交ダンスでも、テニスでも、料理教室でも、シニアボランティアでも、自分に合ったものを探しましょう。**要は、男女がともに何かをすることが大切**なのです。

男女一緒の集まりでは、どうしても異性の目を意識します。自然と身なりや振る舞いに気をつけて、嫌われないように、もっと好かれようとするのです。あるいは同性に対して**「自分とコイツ、どっちが格好いい（キレイ）と思われているか？」**とライバル心を燃やしたり、身なりの野暮《やぼ》ったさに気づいて反省することもあるでしょう。

つまり同性だけでいるときよりも、相手に対する気づかいや思いやり、あるいは自分が相手にどう思われているかについて、**いっそう敏感になる**ということです。

たとえば女性の場合なら、薄く口紅を塗《ぬ》って化粧をしたり、髪をきれいに整えて白髪を染めたり、いつもより華やかな色の服を着たり……。男性なら髭をきちんと剃って洒落た服装を身につけたり、曲がった背筋を伸ばして姿勢よく努めたり……。そして、お互いにわがままを言うのを控え、感謝や労《いたわ》りの言葉で接するでしょう。

そのような毎日を過ごすと、気持ちや感情にもメリハリが出てきますし、一人や同性だけで過ごすよりも格段に頭や身体も使うので、ボケずに楽しく若さを保つことができるのです。

「男やもめ」でも便利に楽しく生きられる時代になった

高齢になって一人暮らしをしているのは、男性より女性のほうが圧倒的に多く、しかもその生活を楽しんでいるように思えます。

女性は男性よりも平均寿命が長いうえに、年上の男性と結婚している場合が多いので、「いずれ一人暮らしになる」という、それなりの覚悟ができているからなのかもしれませんね。

それに比べて**男性は、何となく「自分は妻に看取られて死ぬのだ」という根拠のない自信**があって、不幸にも奥さんに先立たれると精神的に大きな打撃を受けます。

そのうえ家のことはいっさい奥さん任せだったとなれば、これからの家事の負担を考えるだけでも、さらに落ち込んでしまうのでしょう。

昔は「男やもめに蛆《うじ》がわく」などといいましたが、この平成の世の中、できれば「男やもめでも花が咲く」をモットーにしてもらいたいもの。それは考え方一つで、実はとても簡単なことなのです。

なぜなら今は、とても便利な世の中になっているからです。費用はかかりますが、**家事代行サービスはどこにでもあります。**高齢者人口が増え、シルバービジネスが盛んになり市場競争が起こった結果、メニューも利用者のニーズに合わせてきめ細かく、料金も以前より手ごろになっています。

「家事にお金を払うなんてもったいない」などと思うのは止めましょう。自分でできないのだから、誰かにやってもらうしかありません。

逆に、今まで奥さんを「タダ働き」させていたと反省するべきでしょう。当初は代行サービスをお願いして、**自分のやれることをボチボチと増やしていけばいい**のです。

確かに食事などは、自分で出来合いの惣菜《そうざい》などを買って食べることもできるでしょう。しかしそれでは自分の好きなものや、同じ店の同じものばかり食べることになり、栄養が偏ってしまいがちです。

それに比べて食事の宅配サービスは、栄養のバランスも考えたうえで高齢者の好みをメニューにしたコースや、糖尿病の人向けのコースまで用意されていたりします。こちらも慣れないうちは献立《こんだて》の参考にするなど、大いに利用する価値ありといえそうです。

身の回りについては、**いつ人が訪ねてきても招き入れられる家**を目標にしましょう。

家を常にこざっぱりした状態にしておけば、何かのついでに**「ちょっと寄っていけよ」**と気軽に友人を誘い入れることができます。一人暮らしなら家族に気兼ねする必要もありません。それがきっかけで家に人がよく集まるようになれば、楽しいと思いませんか。

クラインガルテンで「プチ田舎暮らし」を夫婦で体験できる

「クラインガルテン」という言葉を聞いたことはありますか。

元はドイツ語で、日本語に訳すと**「小さい庭」**という意味になりますが、**会員制の「滞在型市民農園」**と考えればよいでしょう。

一八一四年、ドイツ北部の街カペルンに最初のクラインガルテン協会が作られたといいますから、二百年もの歴史をもつドイツで盛んな「農地の賃借制度」です。

日本では一九九三年、長野県東筑摩群四賀《しが》村（現・松本市）に坊主《ぼうず》山クラインガルテンが設置されて以来、急速な広がりを見せ、現在では日本全国に施設が設置されるようになりました。

一区画の平均面積は一〇〇坪程度で、「ラウベ」と呼ばれる家屋が併設されています。

会員はそこで**家庭菜園やガーデニング**を楽しむのです。

別荘やセカンドハウスのような感覚で借りる人、またグループで借りる人など、老後の生きがいや余暇の楽しみのため、あるいは**「スローライフ」や「プチ田舎暮らし」を体験したい人に最適なシステム**といえるのではないでしょうか。

土地を耕して、種を蒔《ま》き、新鮮でみずみずしい取れたての野菜や果物を食べるゆったりとした暮らし。考えただけで、心身ともにリフレッシュするようです。

ほかにも、地元農家と肩の凝らない交流が楽しめる行事やイベントが企画されたり、農作業の仕方や、その土地に最適な野菜の作り方の指導を受けたりすることもできます。

以下に、一般的なクラインガルテンの決まりごとを紹介しておきます。

・年会費は平均三〇万円から七〇万円。光熱費、水代などは別途
・冬季を除き、ひと月に五日程度は滞在しなければならない
・賃貸は一年単位で、最長五～十年間借りることができる
・家庭菜園やガーデニングは、有機栽培または減農薬栽培を義務づけられることがある
・住民票を移すことはできない

・年に数回の共益作業、農村との交流事業へ参加しなければならない
・小型耕運機などは、たいてい貸してもらえる

などですが、グループでの利用、ペット同伴の可・不可など細かい点は個々の施設によって違いがあるので、詳しくは直接問い合わせてみてください。現地での見学会などもあるので、興味のある人は一度参加してみてはいかがでしょうか。

ラウベの傍《かたわ》らにイスやテーブルを置いてバーベキューをするなど、アウトドアライフを満喫するのもいいですね。息子や娘夫婦を招いて、都会暮らしの孫たちへの自然教育の場としても活用できるのではないかと思います。

また「退職したら、田舎の家の広い庭で家庭菜園でもしながら自給自足の生活をエンジョイしたい」と、田舎への移住を夢見る男性は多いと聞きます。

けれども、**その夢を実現させるための大きなハードルは、どうやら自分の奥さん**のようです。奥さんは、夫が退職する以前からすでに地域のコミュニティと緊密な関係を築いている場合が多いので、いきなりその地縁を断ち切られ、**誰も知り合いのいない田舎に引っ越すなどまっぴら御免**だからです。

夫は退職して心機一転、**また「ゼロからのスタート」と生まれ変わる気持ち**でいるのは分かりますが、**奥さんにとっては、そんなに決定的な人生の節目ではない**のです。

このように「男のロマン、女の我慢」といわれる夢の田舎暮らし。田舎への移住を真剣に考えているのなら、まず奥さんを説得しなければなりません。

また、自分自身も本当に田舎暮らしができるか内心では不安に感じている人は、ぜひこのクラインガルテンを利用して、田舎暮らしの予行演習をしてみてはいかがでしょうか。**無理やり移住し、「思っていたのと全然違った」と後悔する**のでは目も当てられません。

クラインガルテン通いをしている間に、奥さんが田舎暮らしを気に入ってくれて、自分も自信がもてるようになってから、田舎への移住を決めても遅くはないと思います。

お金と時間はあるけど体力がない？——自由気ままに海外旅行を

リタイア後の特権は、何といっても時間がたっぷり使えることでしょう。そのメリットを活用しない手はありません。たとえば、長期の海外旅行もいいですよね。

現役時代の海外旅行といえば、盆暮れや大型連休にしか日程が取れなかったものです。

その時期、旅費やホテル代はもっとも高く設定され、大混雑で、暑かったり寒かったりの季節。おまけに、どこに行っても同じように時間に追われた日本人がいて、ただ「有名な観光地に行った」という自己満足ばかりの疲れる旅行だったのではないでしょうか。

もちろん、老後はそんな事情に束縛されません。ゆったりと自分の好きなときに日程を組むことができます。**訪れたい土地の最高に美しい時期をピンポイントで狙ったり、逆にシーズンオフで料金のお得な時期に出かける**など、あなたの自由です。

ただし、現役時代に海外出張などを盛んにこなして慣れている人は別として、定年を迎えてからの海外旅行初心者には、いくつか注意しなければならないことがあります。

おそらく訪れたい国はいくつもあると思いますが、まずは近い国、たとえばアジアやグアム、ハワイなどから**「足慣らし」**として行かれることをお勧めします。

というのも長時間の飛行機は、エコノミーの狭い座席に座り続けるだけでも想像以上に疲れるものだからです。行きの飛行機でぐったり疲れてしまっては、せっかくの現地での観光やレジャーの楽しさが半減してしまいます。

海外旅行は新婚旅行などで「一生に一度」が普通だった時代とは違って、今はその気になれば何度でも気軽に海外へ出かけることができます。

最初から気張って、アメリカやヨーロッパ、南米などの遠方に行く必要はありません。ある程度の場数を踏んで、海外旅行に慣れてから待望の地へ赴《おもむ》くほうがずっと楽しめるのではないでしょうか。

また長時間の飛行機に関しては、**旅慣れしている人こそ注意したほうがいい**でしょう。若いころとは違って、年をとると確実に体力は衰えていますし、腰や背中などあちこち調子の悪いところが出てくるものです。

以前は何とも思わなかった長時間の飛行機が、それまで以上に苦痛に感じられるし、身体を疲れさせているのです。

あまり長時間の場合は、金額を上乗せしてビジネスクラスのチケットを買ってはいかがでしょうか。「そんなもったいない！」と思われるかもしれませんが、これも**老いの経費**と割り切ることも必要でしょう。

飛行機のチケット代は季節によって大幅に変動しますし、直前なら格安の値段です。賢く購入すれば、それほどの金額にはならないはずです。また、最近は**「ビジネスクラスで行く○○」**といったツアーも出ているので、そちらを選択するのもいいと思います。

また昨今の世界遺産ブームで、南米のペルーのマチュピチュやエジプトのピラミッドに行ってみたいという人も多いと思います。しかしすでにお話したように、このような遠方の地に初心者がいきなり渡航するのは無謀というものです。

そもそも長距離なだけでなく、そこは開発途上国ですから、便利な日本の生活に慣れた私たちにはやはり不便や不都合があり、それなりの旅行ノウハウが必要なことを心しておかなければなりません。

旅行会社は、お金と時間をもっている高齢者をターゲットにして「安心・安全・簡単・誰でも行ける」と盛んに宣伝しますが、実はかなり上級者向きなことが多いのです。実際、エジプトなどは若い人でも暑気《しょき》あたりになってしまい、ツアーの間中ずっとホテルで寝込んでしまったという話も聞きます。

もちろん、開発途上国へはツアーを利用するほうが安全なのですが、ツアーというのは**お得感を出すために「ここもあそこも」と欲ばりにスケジュールが組んである**ので、かなり体力的にきついのです。高齢者にはそれなりの覚悟が必要でしょう。

そして「ちょっと疲れたな……」と思ったらツアーから外れ、一度ホテルで休むことを選択する勇気をもたなければなりません。

朝から晩まで観光地をバスや車で駆けめぐるようなことはやめて、欧米人を見習い、ホテルのプールサイドで日がな一日のんびり異国で時間を過ごすのも、高齢者の旅の楽しみ方の一つなのです。

時間も行き先も決めない「一人旅」も洒落たもの

最近盛んな日帰り、または一泊二日程度のお手軽バスツアーは、**高齢者でいっぱい**だと聞きます。

このような旅行企画は、お手軽なうえにあちこち見学してお土産もいっぱい、豪華なランチに温泉入浴までついた欲ばりプランで「たったの○○円ポッキリ！」というお得感が人気を呼んでいるのでしょう。

しかし**そんな分刻みの忙しいスケジュール**だと、「あれを見た」「これを食べた」という記憶しか残らず、旅をゆっくり味わうとか、その土地ならではの思いがけない感動といったものには出会いにくいのではないでしょうか。

こうした盛りだくさんの「お得なツアー」は、本当にお得なのか。

本当にぜいたくな旅というのは、**ひとところでゆっくり時間を過ごす、時間に束縛され**

ない自由なものであるはずです。その非日常の中に身を置き、心を開放させてくれる旅こそ、あくせく働いていた現役時代にはできない旅ではないでしょうか。

そこで、**時間も行き先も決めない「ぶらり一人旅」**もお勧めです。

ツアーのようなお仕着せの旅行ではなく、計画を立てるところから自分で始める旅ほど魅力的なものはありません。「こんなこといいな」「できたらいいな」とずっと自分の心に描いてきた旅を実現させてみませんか。**リタイア後だからこそできる特権**なのですから。

これは旅の目的から行き先、乗り物、日程、豪華な旅か貧乏旅行か、のんびりか駆け足の旅かなどのスタイルも、すべて自分で決定するのです。

時刻表を読み、切符の手配をしたり、事前に宿を予約しない場合は、飛び込みで泊まれそうな宿がどこにあるか調べておいたりと、**「旅の計画」を練っているときがいちばん楽しい**のではないでしょうか。

また旅に出かければ、電車を乗り換えたり地図を読んだり、予想外のアクシデントに対応するための旅の知識に加えて、**そこそこの判断力が必要になってきます**。このような一連の作業は、脳の活性化に大いに役立つので**高齢者のボケ防止にもつながる**のです。

さて「時間はあっても先立つものが……」という人のために、豪華でなくてもゆったりした一人旅を楽しむためのヒントも少し紹介しておきます。

まず**「青春18きっぷ」**というJRチケットをご存じでしょうか。名称から「十八歳以下限定」の切符と勘違いしている人も多いと思いますが、実は年齢制限はまったくありません。**高齢者でも利用できます。**

これは、JR全線の快速を含む普通列車自由席が一日二三〇〇円（実質）で乗り放題（途中下車自由）という、鉄道の旅を満喫するにはうってつけの大変お得な切符です。

これで**普通列車を乗り継いでどこまで行けるかを一度試してみる**のも、面白いのではないでしょうか。ふと降りた見知らぬ駅の小さな宿に、飛び込みで泊まってみる。考えただけでもワクワクしませんか。

この便利でお得な「青春18きっぷ」、少し難点なのは**五回分**（二三〇〇円×五＝一万一五〇〇円）を**一括購入**しなければならないことです。一人で五回（五日）利用しても、複数人で分け合っても大丈夫ですが、発売・利用の期間が、その年の春・夏・冬の決められた期間にそれぞれ限定されていることにも注意が必要です。

いくつかの制限はありますが、それも工夫次第です。五日間かけて日本中をゆっくり回ってみるのもいいし、利用期間中に五回旅に出てもいいわけです。

そういう**柔軟な旅ができるのも、時間がたっぷりある高齢者の特権**です。ほかにも「ウィークエンドパス」や「スリーデーパス」、高齢者向けの会員割引が利くチケットなどもありますので、プランに合わせて利用すればいいでしょう。

このように費用を抑えて「心のぜいたく」を味わうお得な旅は、工夫次第でいくらでもできるのです。要は、あなたが楽しいと思える旅をすればいいわけです。

「地域のスポーツジム」が高齢者のコミュニティに

今やスポーツジムが、高齢者のコミュニティになっていると聞きます。

ひと昔前は「病院の待合室が寄り合い所になっている」と批判されたことから考えると、**今の高齢者は本当に元気です。**

年を重ねると、身体の機能が衰えてくるのは事実。どんなに頭がいい人でも、お金持ちでも、この現実から逃れることはできません。遅かれ早かれ、衰えは平等にやってきます。

だから「年をとればとるほど、運動を欠かさないように」と耳にタコができるほど言われるわけですが、その理由をしっかりと把握し、どのような運動が必要かを分かっている人はあまり多くいません。そこで簡単にお話したいと思います。

健康で長生きするためには「全身持久力」が必要です。全身持久力とは、たとえば日常生活で長い時間立ったり歩いたり、階段を上り下りしたときなどに、疲れを感じずにもち堪《こた》える力のことです。

この力が高ければ、**呼吸循環系の機能も高く、さらに内分泌系の機能が優れているので免疫力も高くなる**のです。

この全身持久力を支えているのが、最大酸素摂取量と筋力ですが、両方とも放っておけば、加齢とともにどんどん下がっていきます。**筋力が弱くなると、日常の行動機能が目に見えて落ち、ちょっとしたことで転んだりする**ようになります（足が上がらなくなり、小さな段差に蹴つまづく。少しバランスを崩すと身体を支えられない）。

また最大酸素摂取量が下がると、身体を維持する全身持久力が落ちるだけでなく、**脳に送られる酸素の供給量が減るので、脳の活動も鈍ってきます。**動かなくなると認知症になる危険性が高まるといわれるのは、このためです。

だから、身体も脳も老化させないためには、年をとっても体力をできるだけ維持することが重要で、スポーツジムへ通うのはその大きな助けになっています。

まず最大酸素摂取量の低下を防ぐのに有効なのは、ジョギングなどの有酸素運動です。高齢者にも手軽にできる有酸素運動としては、ウォーキングが最適でしょう。

できれば、毎日三十分以上は歩くようにするといいのですが、このとき注意してほしいのは、**無理に早く歩こうとしないことです。**自分なりにやや一生懸命に歩く程度のペースで構いません。決して無理をしないことが大切です。

「ウォーキングなら、別にお金を払ってスポーツジムに行かなくてもできるじゃないか」と思う人もいるでしょうが、**人間なかなか一人では続けられない**ものです。ついつい、「雨が降りそうだから今日はお休み」「暑いから熱中症になっては大変」と怠け心が出てしまいがちです。

その点スポーツジムなら屋内ですし、**自分の周りでたくさんの人が熱心に運動しているのを見ると、「自分もやらなくては」とプレッシャーがかかります。**また同じくらいの年代の人が、どこまで運動できるのかを間近で見ると、自分の励みにもなります。

そうして週に三日ジムに行くと決めて通い続けると、やがて顔見知りができてきます。もし長期間さぼってしまうと、インストラクターやジム仲間から**「最近はどうかされたの**

ですか？」「もう来ないのかと思いました」と尋ねられたりするでしょう。他人の手前、怠け心が抑えられるのではありませんか。

また、それ以上にスポーツジムをお勧めする理由は**「筋力アップ」**のためです。五十代を過ぎたら、**とくに下半身の筋力が衰えないように注意しなければなりません。**

太ももの前面の筋肉、大腿《だいたい》四頭《しとう》筋や腹筋、背筋、大臀《だいでん》筋、大腰《だいよう》筋などを鍛えるのは、ただ歩くだけでは難しいのです。ジムでインストラクターの指導に従い、マシンを正しく使って鍛えるのが、いちばん効率のいい方法といえるでしょう。

運動はコンスタントに継続することが、もっとも大切です。**そのためには運動するのが楽しくなければなりません。**ジムに通えば、同じ身体を鍛えるという目的のもと、似たような年配の仲間もでき、一緒に練習したり、世間話をしたり、お互いに励まし合うこともできるでしょう。

もし「スポーツジムは会費が高くてちょっと……」と躊躇される場合は、ほとんどの自治体に**公営のスポーツジム**（一回・数百円の料金など）があるはずです。自治体によっては、屋内に温水プールがある施設もあります。格安な分、民間のジムに比べて設備は劣るかもしれませんが、基本的にやることは変わりませんので、ぜひ探してみてください。

高齢になっても体力を維持することができ、規則正しい生活リズムや仲間づくりもできるスポーツジムを一度のぞいてみませんか。きっと大きな生きがいにもなるはずです。

高齢者が資格を取って「人生の幅」を広げる時代

先ほども述べたように、リタイア後しばらくして「遊んでばかりでは何か物足りない」と感じ、やはり「少しでも社会の役に立ちたい」「いつまでも誰かに必要とされたい」と悩んでいる高齢者はたくさんいます。

そんなふうに考えたとき、まずいちばん先に思い浮かぶのが、何かボランティアをすることだと思います。そして、もしそこに役に立つ資格を自分がもっていれば、さらにボランティアの幅も広がるのではないでしょうか。

またボランティアに限らず、資格をもっているとちょっとした小遣い稼ぎもできますし、趣味を深めたい場合も**「資格取得」という明確な目標があれば方向性もはっきりし、いっそうの励み**にもなります。

以下に、年配者に人気のある資格をいくつか紹介しておきますので、参考にしてみてください。

まず、これからさらに需要が見込まれるのが、介護の仕事です。ボランティアで介護援助をする場合でも、介護の入門資格である「ホームヘルパー二級」の資格は必須といえるでしょう。

将来、家族の介護が視野に入っている場合も役立ちますし、**いざ自分がそうなったときも、なるべく介護者に負担がかからず、気持ちよく介護してもらえる方法を知っていることは、自分の老後の大きなプラスになる**はずです。

この資格を取得するには、自治体のホームヘルパー養成研修か、厚生労働省が認定した事業者の講習（だいたい三〜六ヵ月）を受けます。

受講には、学歴・年齢・経験はいっさい不問です。試験はなく講座を終了すると資格が得られます。また介護現場で経験を積めば、介護福祉士への道も開けます。

そして退職後のサラリーマンに人気なのが、「マンション管理士」の資格です。これは二〇〇一年にできた国家資格で、マンションの管理組合の運営や建物の修繕などの技術的問題に、専門的なアドバイスや指導をするためのものです。

民法、不動産登記《とうき》法、マンションの構造・設備など、専門的で幅広い知識を必要とする試験が年一回行なわれます。資格取得のハードルが高い分、やりがいがあるのではないでしょうか。**合格のためには、専門的な学校に通うほうが得策かもしれません。**

また聞き慣れないかもしれませんが、今後注目されるであろう資格に「臨床美術士」があります。臨床美術（クリニカルアート）とは、**もともと認知症の予防や改善を目的とする**もので、絵画や造形などの美術制作を通じて人間の脳を活性化させるためのものです。

そして美術がもっているさまざまな潜在能力と、その活かし方を教えるインストラクターが臨床美術士なのです。

この仕事は介護の現場はもちろん、教育、医療、能力開発、セルフケアなどいろいろな方面での活躍が注目されています。資格を認定しているのは日本臨床美術協会です。資格取得には芸術造形研究所などの指定校・指定大学が主催している講習を受け、試験に合格する必要があります。

ほかにも、別にもっているからといって仕事に役立つわけではない趣味の延長の資格でも、資格取得のために勉強すれば、生活に張りが出てくるものです。

「野菜ソムリエ」や「きき酒師」「焼酎アドバイザー」などは、資格をもっているとちょっとお洒落な感じがしますね。**人に自慢できますし、話の種に困らなくなります。**

野菜、果物の旬や産地、栄養、美味しさなどを分かりやすく伝えるスペシャリスト「野菜ソムリエ」の資格を認定しているのは、日本野菜ソムリエ協会です。同協会主催のカリキュラムを受講し、試験に合格すれば資格取得できます。

「きき酒師」および「焼酎アドバイザー」の資格取得には、日本酒サービス研究会・酒匠研究会連合会主催の試験に合格しなければなりません。

試験内容は筆記、テイスティング、サービスです。試験を受けるための一日受講コースも設けられているので、興味のある人はぜひチャレンジしてください。

老後の趣味が「一つだけ」ではリスクが大きい？

ある試算によると、**現役時代に働いた時間と、定年後の自由時間の長さはほぼ同じ**だそうです。自分が今までどれだけ長く働いてきたかと考えると、驚きですよね。

もし趣味の一つもなかったら、定年後のこの膨大な、そして残りの人生を考えれば貴重な時間を無駄にしてしまうし、自身も退屈で耐えきれないのではないでしょうか。

好きなこと、やりたいことを定年前から心に決めている人は、本当に幸せです。冒頭の同じ言葉を聞いても「自分の好きなことができる時間がそんなにあるのか！」と喜ばれると思います。

ただ、**もしその人の趣味が一つだけというのなら、それはそれで困ったことになりかねません。**

なぜなら好きなことだからといって、あまりに自分の時間を一つのことに集中しすぎると、周りのことが見えなくなる恐れがあるからです。**どんなに好きでも、リタイア後は少しゆとりをもって楽しむ**ようにするべきです。

いちばん分かりやすい例は、**スポーツの趣味**ではないでしょうか。

Aさんはゴルフが大好きです。しかし現役のときは、ゴルフといえば接待ゴルフ。気を遣うばかりで、ちっとも楽しめないものでした。好きに練習できるのは、限られた週末だけという状態。だから「定年後はゴルフ三昧《ざんまい》の日々を送るぞ」と心に決めていました。

そして現役時代の不満を解消しようと、Aさんは毎日朝からゴルフの練習場に行って何百発も打ち、平日にもコースに出かけて楽しみました。少しくらい体調が悪くてもクラブをもてば、そんな気分などすぐに吹っ飛んでしまいます。

こうして、しばらくは楽しい日々が続いていたのですが、悲しいことに定年後の身体の衰えは隠せないもので、はやる気持ちが裏目に出たのか、腰と肩を痛めてしまいました。泣く泣くゴルフはしばらくお休みということに。

ゴルフはできないものの、日常生活に支障があるわけではありません。しかしAさんは、**毎日ほかにやることが見つかりません。**家でゴロゴロするだけで、そのうち奥さんにも煙たがられるようになったのでした。

このような例は、よく耳にするのではないでしょうか。Aさんが自分の好きなことに、一生懸命になった気持ちはよく分かります。でも自分の体調や適切なペースを省《かえり》みないで頑張りすぎては、結局困るのは自分ですし、周りにも迷惑をかけてしまいます。**老後の趣味は、気長にボチボチと楽しむことが大切**なのではないでしょうか。

また同じような例では、スポーツジムに毎日通って張り切りすぎたせいで、足の裏を痛めて違和感が取れなくなり、調べてみたら疲労骨折していたというケースもあります。

現役時代は仕事のせいで、自分の好きなことが十分にできなかったと思うかもしれませんが、**逆に考えれば、仕事のおかげで自分の趣味も適度にセーブできていた**といえます。

そして老後は一つの趣味だけでなく、自分の好きなことをたくさんもっているほうが、**いざというときにも代替が利いて、**よりいっそう楽しく豊かな生活を送れるのです。

できれば**「静」と「動」**、つまり身体を動かすことと、身体を動かさないこと、一人でできるもの、多人数でやるものといった、それぞれ補完し合える趣味を複数もっているとベストでしょう。

先ほどのAさんは、身体の調子の悪いときに室内でできる何か——一人でいたいときは読書のように単独でできるもの、人恋しいときは囲碁やカラオケなど複数で行なうものを趣味のレパートリーに入れるといいかもしれません。

またリタイア後の趣味は、**ひたすらその道を極めるとか、競争心を剝《む》き出しにして他人と勝ち負けを争うようなものはお勧めできない**ように思います。

確かに向上心は必要ですが、行き過ぎはよくありません。もうリタイアしたのですから、現役時代と同じような**「仕事の論理」**をもち込む必要はないでしょう。

老後の趣味は、好きなことを好きなように楽しむのが鉄則です。

そのためには成果・成功・名誉・勝ち負けにこだわらず、他人とも比較したりしないで**あくまで好きだから楽しむという姿勢が大切です。**

今できることに競争心を燃やすよりも、今までやったことのないものにチャレンジする好奇心を維持するほうが、人生を若々しく過ごす秘訣といえそうです。

やりたいことが思い浮かばない人は、まず近所の公民館をのぞいてみてはいかがでしょうか。掲示板には、さまざまな催し物や活動の案内が掲示されています。少しでも興味を惹くものがあったら、勇気を出して参加してみましょう。そこから新たな趣味の世界が広がるはずです。

自分の世界が広がる――インターネットだけでも使ってみませんか？

今もこれからの時代も、情報をより多くもつ人が得することに変わりはないでしょう。**正確で幅広い情報をもっていることが、現代では一つの財産**なのです。そして、情報の多くがインターネットから入ってくる時代です。

世界のあちこちで起きている政変や社会問題も、インターネットを使えば手軽にその情報を手に入れられます。貧しいと思われていた開発途上国でも、多くの人々が携帯電話をもち、インターネットから情報を入手して団結しました。皆さんも、そんな姿をテレビで目にされたでしょう。

リタイアしても世捨て人ではないのですから、**老後の生活を楽しく有意義に過ごすため**

にも最新の情報は欠かせないものです。長年、新聞を愛読している人は「新聞だけで十分じゃないか」と思われるかもしれませんが、世界中の情報が瞬《また》く間に更新されていくインターネットの**即時性**には到底かないません。

そのうえ、自分が興味のある分野のより詳しい情報を探ることもできます。たとえば、株価などは新聞なら一日一回の情報提供ですが、インターネットならリアルタイムで見ることができるのです。

また、もし新聞が伝えてくれたニュースの背景や、過去の経緯などをもっと知りたいと思ったときはどうしていますか。周りに教えてくれる人がいなければ多くの場合、書店や図書館に行って、関連書籍や以前の新聞の縮刷《しゅくさつ》版などを調べるでしょう。

でも調べたい資料や本が見当たらないときは、書店員や司書に頼んで取り寄せてもらわなければなりませんし、ひょっとしたら絶版かもしれません。これでは**欲しい情報を手に入れるのに時間がかかって、せっかくのホットな好奇心も冷めてしまいます。**

これがインターネットなら、キーワードを打ち込むだけで、あっという間に関連事項の検索が可能です。パソコンを開けば、すぐに欲しい情報の多くを手に入れられるのがインターネットの優れたところなのです。

公的機関はどこでもホームページをもっていますから、**高齢者に必要な福祉サービスももちろんインターネットから簡単に調べられます。**なおかつ、ほかの市区町村のサービスを同様に調べることができるので、それらを比較検討するのにも便利です。

このほかにも、政治家のホームページや芸能人のブログを見たり、ネットショップで日本全国から絶品のお取り寄せグルメを味わうこともできるのです。

また出かける前に、目的地までの道路や地図、路線を調べたり、バスや電車の時間、乗り換えの方法などもすぐに分かります。

列車や飛行機のチケットの購入、宿泊の予約などもインターネットでＯＫです。それにインターネットで予約してもらったほうが人件費の節約になるので、料金が割安に設定されている場合も多いのです。

美術館や映画館、劇場のイベント情報はもちろん、チケットの購入やその日の混雑状況まで教えてくれます。まるで自分専用の秘書がいるのと同じではありませんか。

こんなに便利な「魔法の箱」を使わない手はありません。

もし、**ずっと専業主婦**だったため仕事で使う機会もなく、まだその便利さを実感できていないような人は**「もう年だし、今さらパソコンなんて何だか難しそうで頭に入らない**

わ」などと敬遠しないで、一度パソコン教室をのぞいてみてください。

地域の公民館でパソコン講座が開かれていることは多いですし、街のあちこちで初心者・高齢者歓迎のパソコン教室を見かけるはずです。夫や子どもに教えてもらうのもいいですね。ちょうどいいコミュニケーションの機会になるかもしれません。

今や小学生のお孫さんでも、パソコンやインターネットを使いこなしている時代です。インターネットで欲しいものを探したり、予約・購入、調べもの、メールなど、ごく簡単なことができるようになるだけでも、**確実に関心や行動の幅が広がります。**

結果として新しいことにチャレンジできれば、心と身体を若く保ち、ストレスの解消にもつながるでしょう。

また極端な話、いよいよ足腰が弱って、誰かの手助けがなくては自分の家から出ることも難しい状態になってしまったときでも、**パソコンやインターネットを使って外の世界と直接やり取りができるかできないか**で、状況が大きく異なってくるはずです。

そうした意味からも、インターネットだけでも体験しておくべきだと思います。

ブログなら「同趣味の知らない人」とも気軽に交流ができる

現役時代、パソコンやスマートフォンを使っていた人なら、一度くらい誰かのブログを見たことがあるでしょう。

ブログというのは、インターネット上に身辺雑記や個人的に思ったこと、お役立ち情報や趣味のあれこれを、写真つきで細々と公開している**個人サイト**のことです。

ホームページを作るより簡単なので、多くの人がブログを立ち上げています。芸能人のブログなどは、ファンにとって大きな楽しみの一つです。

芸能人の側からも、マスコミを通さず自分のファンに直接語りかけることができ、ファンの声がそのまま返ってくる貴重な場といえます。

というのもブログでは、その主催者宛《あ》てに自分の感想なり意見をメールで送ることができるからです。そこが、ただ一方的に情報を提供するだけのテレビなどと違うところですね。**ブログは情報が「双方向」になっている**わけです。

ただ現役時代、よくブログを見ていた人でも**自分でブログを立ち上げてみよう**と思った年配の人は少ないのではないでしょうか。人気のあるブログの条件の一つに、内容の更新が頻繁に行なわれるというのがあります。**リタイア後は、更新に手間をかける時間もたくさんある**のですから、興味があればぜひブログに挑戦してみようではありませんか。

インターネットを検索すれば、**無料でブログを作成できるサービス**はたくさん見つかると思いますが、「ブログに何を書けばいいのか分からない」という人も多いでしょう。

実は何でもいいのです。自分の趣味のこと、日々の暮らしのこと、題材は探せばいくらでもあるはずです。**自分の日記代わりにしている人もたくさんいます。**

パソコン操作の練習にとブログを始めたある年配の女性は、**毎日の料理のレシピを載せました。**決して三つ星レストランのシェフによる洒落た料理というものではなく、たとえば里芋《さといも》の煮っころがし、きんぴらごぼうのような普通の家庭料理だったのですが、それが「お袋の味」と評判になり、今ではたくさんのファンをもつまでになりました。

まずは手始めに、自分の趣味についての情報や考え方、作品のことなどを書いてみてはいかがでしょうか。**格好よく見せようと気負う必要はありません。**あなたのブログを見た人がそれに反応して、**感想のメールを送ってくれたら**と思うだけでも、ワクワクするではありませんか。

写真や絵が趣味の人なら、自信のある作品をたくさんの人に見てもらいたいと思うものでしょう。しかし画廊を借りて個展を開くのは、費用や手間の面からも大変です。それがブログなら、作品を無料でアップして多くの人に見てもらうことができます。

このように、ブログを立ち上げるという一つのことを始めるだけで、パソコンの操作や機能をもっと深く知ることができるだけでなく、同じ趣味の人のブログにメールを送ったり返事をもらったりして新しい交流が広がります。まさに**一石二鳥**ではありませんか。

アウトドアスポーツを「食わず嫌い」していませんか？

現役時代は忙しすぎて自分の趣味をもてなかったので、リタイア後に何か始めようと考えている人は、まず手始めにアウトドアスポーツに挑戦してみてはいかがでしょうか。

というのも、老後はやはり健康第一です。**体力の衰えを抑えるためにも、**楽しんで一生続けられる趣味の中に、**大自然で身体を動かすアウトドアスポーツ**を一つ入れることをお勧めしたいからです。

趣味を見つけるには、とにかく体験してみることです。見た目のイメージや生半可な知識で、「面白くなさそう」「キツイ」「自分には向いていない」などと決めつけないでください。

ここ十年ほどの間、リタイアした人たちから人気が集中しているのが山登り、トレッキング、ハイキングなど、より本格的か気軽にできるかの程度は違えど、大自然の中を散策するアウトドアスポーツです。

今や土日はもちろん平日でも、東京の市街地から奥多摩の高尾山などに向かう列車は、登山靴やトレッキングシューズを履き、ザックを背負った中高年で混雑しています。とくに、ご夫婦連れの姿が目立つようです。

同じ身体を動かすのでも、**冷暖房の効いたスポーツジムとは違い**（それはそれで快適で高齢者には向いていますが）、日常とは異なる風景と空気に触れ、下界の絶景を見られる山歩きは身も心も洗われるものです。

ただブームに乗って山登りを始めた人の中に、地図も読めず、地形も分からず、緊急時の対処法も知らないという、**明らかに準備不足の人が目立つ**のは困ったことです。

高齢者の登山グループが、北海道の山系で遭難して死者まで出たという事件をご記憶の人も多いと思います。もちろんこの事件の場合、ツアーを企画した旅行会社の責任が追及されるべきですが、自身の登山技術や体力などを冷静に判断せず、上級者向けの山に登ることの無謀さも、このような事故を引き起こす一因となったのではないでしょうか。

これは高齢者に限ったことではありません。「山ガール」などのファッションに憧れて、ひたすら頂上を目指す若い人にも同じことがいえます。実際、富士登山では準備や知識不足から高山病になり、途中で動けなくなる人が続出しているという話です。

山登りを始める人は、ぜひ基本から学んでほしいものです。

専門家や経験者から知識を学び、そのアドバイスのもと、標高数百メートルぐらいの近隣の里山や、観光地として初心者でも登れるように整備されたところなど、**自分の体力に応じたところから始めて一歩ずつレベルアップしていきましょう。**各地の登山教室については、山岳連盟などのホームページを探してみてください。

また、**川のスポーツとして人気なのはカヌーです。**大自然の中でのんびりと川の流れに身を任せ、急流ではそのスリルを味わう——。一度体験したら、やめられない魅力たっぷりのスポーツです。

カヌースクールは、全国のさまざまな河川で開設されています。カヌーだけでなく、シュノーケルや沢遊び、川飛び込みや山菜採りなどのメニューを提案しているスクールもあるそうです。カヌーも山登りと同じで、大自然を相手にする危険なスポーツですから、まずスクールで基礎をしっかり身につけることから始めましょう。

山、川とくれば、やはり次は海で、中高年にも人気のダイビングがお勧めです。南海の珊瑚礁の中を魚のように自由に泳いでみたいと、誰でも一度は思うでしょう。

体力が心配という人でも、中高年を対象にしたスクールで無理なく技術を身につけられます。ただし、言うまでもなく場所は海の中です。ダイビング機材などに関しては、自由に扱えるまで練習を積み重ねることが鉄則です。

また、ちょっと洒落た感じで乗馬などはいかがでしょうか。**乗馬は意外にも全身運動で、馬上でバランスをとっているだけでも、かなりの有酸素運動になります。**

そのうえ、年をとると衰えがちになる下半身の筋肉をしっかり鍛えてくれ、姿勢もよくなります。この先、中高年になって初めて乗馬に取り組むという人は、確実に増えていくでしょう。

どんなものでも「食わず嫌い」せず一度は試してみて、興味を覚えたら無理せず続けること。そして**年を重ねたからこそ、なおさら自分を過信せず、基礎から謙虚に学ぶという姿勢が大切**なのです。

自分史を書いてみる――明日への方向も見えてくる

人生の第一ステージを終えられた人なら、**自分の中に一つや二つ物語がある**のではないでしょうか。**それらを文章に書き起こしてみる**のも、すてきだと思いませんか。

小説を書くことの大きな利点は、何といってもそのツールである日本語をすでに習得していることです。誰でも文章は簡単に書けます。もちろん、美しく、人の心に訴える文章を書くには、それなりの訓練やセンスが必要になってきますが。

また小説を書くにあたっては、**高価な道具を買いそろえる必要がない、つまりコストが非常に少なくてすむ**のも利点です。

要は、紙とペンさえあればいい。パソコンがあれば、ペンも要りません。あとはすべてあなたの頭の中にあります。何か資料を調べるにしても、図書館で本を借りたり、インターネットで調べれば費用はかかりません。この趣味は本当に安上がりです。

「いきなり小説というのは、ちょっとハードルが高いな」と思う人は、**エッセイ**から始めてはいかがでしょうか。日常生活の出来事や、世の中に対して感じたことを身辺雑記として書いていくのです。
「なんだ、それじゃ日記じゃないか」と思われる人もいるでしょうが、**日記とエッセイの大きな違いは、その読者です。**

日記の読者は原則、自分自身です。だから、分かりにくい事柄や言うまでもない内容をいちいち文章で説明しなくても、キーワードさえ書いておけば、後で読み返したときにも思い出せます。それは、これらの内容が自分の頭の中にあるからです。

エッセイの場合はまったく異なります。読者の頭の中には予備知識も何もありません。あなたがいちいち文章で説明しなければならないのです。それも飽きさせず、分かりやすく、できれば面白く。そのためには、文章にひと工夫もふた工夫も必要です。

ここが日記との大きな違いといえるでしょう。それこそ**日記は子どもでも書けますが、エッセイは文章の習練を積まないと書けない**ものなのです。

エッセイを書き溜めて、読者に伝わる文章が書けるようになったら、いよいよ小説に取りかかることにしましょう。ブログに掲載して反応を見てみるのも手です。

あるいは冒頭で述べたように、**「自分史」や「半生記」**を書くのもいいかもしれません。

自分史のいいところは、**それまでの人生を振り返り、頑張ってきたこと、反省すべきこ**

と、**本当は何がやりたかったかなど、自分を見つめ直す機会ができる**ことです。

そうすると、**自然と明日への方向が見えてくる**ものです。

文章修行に関しては、カルチャーセンターなどで文章作法の講座が開かれていますから、興味のある人はのぞいてみてください。

五感をフルに使う料理こそ、定年後の趣味に加えるべき

今まで仕事が忙しくて家事はすべて奥さん任せにしていた男性は、リタイアしたからといって、**今さら自分が料理することなど想像もできない**かもしれません。

「身を粉《こ》にして働いて定年を迎えたのに、なんで料理など始めなければならないんだ」と依怙地《いこじ》になっていませんか。その考え方、ちょっと変えてみましょう。

料理というのは、**人間だけができる非常にクリエイティブな作業**です。頭も指先も使うし、上達・創意工夫でどんどん新しいものを作り上げる達成感を味わえるし、自分の作ったものを誰かに食べてもらい、感想を聞くのはたいへん刺激になります。

料理こそ、リタイア後の趣味の一つにぜひ加えたいものなのです。

また料理といっても、台所で食べものを扱うだけの作業ではありません。栄養のバランスと季節の旬を考慮した献立を考え、買い物で食材を選び、そして料理を作り、後片づけまでするといった一連の工程すべてを含みます。

どうも男性は料理番組のように、あらかじめ要領よく揃えられた材料を前に、切ったり煮たり焼いたりして、皿に盛りつけて**料理は終了**と考えている人が多いようですが、これでは前と後ろの工程が欠けています。

もちろん、**初心者のうちは「真ん中の工程」から始めるのが妥当**でしょう。そのうち食材のほうにも関心が出てきて、自らスーパーやデパ地下に足を運び、産地にもこだわるようになります。料理に凝れば凝るほど、**自分で食材を選ぶのは大きな楽しみ**です。

ただ、料理をするときに忘れてはならないのは、後片づけもきっちりすることです。これは、最初から心がけなければいけません。調理器具や食器を使いっ放しにするのは、遊ぶだけ遊んで玩具を片づけない子どもと同じです。

料理というのは、目・鼻・口・耳・触覚と五感のすべてを使う作業です。いかに脳を使うかお分かりになるでしょう。「料理は女の仕事」とうそぶいていないで、**ボケ防止やゲーム感覚**のつもりで始めてみてはいかがですか。

料理は具体的にはまず、献立を立てることから始まります。冷蔵庫の中身を点検、残りものを活かし、昨日のメニューと似たものにならないよう、栄養のバランスも考えた献立を考えます。これだけでも、ずいぶんと頭を使いますね。

次に、足りない食材をスーパーに買いに行きます。ここで旬のものが目についたり、特売などをやっていれば、その場で今日の献立を変更してもいいし、明日のメニューを想定して買っておいてもいいでしょう。

毎日このような臨機応変さを発揮することが、脳を若く保つ秘訣なのです。ただし、いくら急に思いついたからといって、冷蔵庫の残りものの扱いを考慮することを忘れずに。

食材を選ぶときは、目、鼻、感触を使って新鮮なもの、美味しそうなものを選びましょう。どれが安くてお得かも頭を使って計算します。

こうして食材が揃ったら、さっそく本番の料理に取りかかります。味噌汁と焼き物、ご飯など二～三品を同時に調理し、先にできあがったものが冷めないようにだいたい同時に仕上げるには、**どんな段取りで進めるかが思案のしどころ**です。

最初は大変かもしれませんが、慣れればこれが自然とできるようになるのです。鍋が煮上がるのをじっと見ていないで、調理の合間には使用済みの包丁やまな板などを洗っていくのを忘れずに。最後の盛りつけは、なるべく食欲を誘うよう見栄えも工夫しましょう。

「今さら家内に教えてもらうなんて」と抵抗のある人は、近くの料理教室をのぞいてみてはいかがでしょうか。

「料理教室なんて女性ばかりで気後れする」と思っていたら大間違いで、実は男性の料理教室に対する需要が増えています。包丁の持ち方やご飯の炊き方など、基礎から丁寧《ていねい》に教えてくれるので、きっと同じような境遇の友人もできるはずです。

「老いてからの芸術」はメリットがこんなにある

年配の方に人気なのは、何といっても陶芸ではないでしょうか。**陶芸は土とじっくり向き合う心の余裕**が必要になってくるので、何かと忙しい時間を過ごしている現役世代には、なかなか手が出せなかった憧れの趣味でもあるのでしょう。

土のぬくもりは心を癒《いや》してくれます。そして成形、絵付け、焼成《しょうせい》と奥が深く、**できあがったものとの一期一会**に誰もが心を動かされるのです。また、作品を日常の生活で使えるのも大きな魅力でしょう。

陶芸教室は探せばどこにでもありますが、いっそのこと有名な陶芸品の生産地まで出かけて腕を磨くのもいいかもしれません。時間に余裕のある退職者だからこそできるぜいたくです。自分の好みの生産地に問い合わせてみるといいでしょう。

たとえば、栃木県益子《ましこ》にある陶芸倶楽部には宿泊施設もあり、長期滞在して陶芸をじっくり学ぶことができます。

また、京都清水《きよみず》の窯元《かまもと》が行なっている陶芸教室では、清水焼ならではの繊細な絵付け指導はいうまでもなく、さまざまな陶芸の楽しみや技術を丁寧に教えてくれます。オリジナルの釉薬《ゆうやく》を使うこともできますので、京都見物とセットで訪れてはどうでしょうか。

また、陶芸と同様に人気なのがカメラです。写真教室もいたるところにあります。

現在はデジタルカメラの普及により、現像の手間や場所も必要なくなりました。**パソコンでトリミングをはじめ、彩度や明暗の調整なども簡単にできます。**また、カメラの性能が抜群によくなったおかげで、初心者でも玄人《くろうと》はだしの作品が撮れるようになりました。

しかし作品の出来、不出来はやはり被写体と構図、シャッターチャンスで決まります。機材の性能がよくなったとはいえ、**センスと忍耐が必要な写真の世界**は奥が深いもの。自然でも神社仏閣でも電車でも、これはと思う被写体を求めて全国を訪ね歩くというのも、すてきですね。

あるいは絵画に打ち込むのもいいかもしれません。**「自分の感じた、想像したイメージをそのまま描けたら」**とは誰もが思うことです。

絵筆など、子どものとき以来握ったことがないという人も、もう一度、真っ白なキャンバスと向き合ってみませんか。童心に帰って自分が思うままに絵筆をふるえば、**現役時代には眠っていた部分の創造力が発揮されます**し、定年後のすばらしい趣味になるでしょう。

大人を対象にした絵画教室は、自治体やカルチャースクールなどで盛んです。メニューも水彩画、油絵、スケッチ、水墨画、木版画、エッチングなど多種多様です。最近はパソコンで描くデジタル絵画も美術の一分野となり、それを教えてくれる教室もあります。

せっかくたくさんの教室があるのですから、じっくりと学びたい人は少人数制の教室を、また「絵を描くなんて難しそう……」とためらっている人なら初歩から教えてくれる教室など、自分の希望や目的に合った教室を探しましょう。

また、もっと本格的に学びたいという人は、美術大学の公開講座をあたってみるといいかもしれません。

最後は楽器です。ピアノやギターなどがスムーズに弾けたらどんなに楽しいでしょう。

今や音楽教室は、子ども向けのものばかりではありません。カワイやヤマハなど大手の音楽教室では、**「五十歳からの○○」と銘打った大人のための音楽教室**が賑《にぎ》わっています。

楽譜がまったく読めない初心者からのレッスンや、希望曲一曲だけを徹底的に練習するコースなど、自分のレベルや目的に応じて楽器と向き合える工夫がされています。

ピアノやギターに限らず、フルート、トランペット、バイオリン、ドラム、ウクレレ、キーボードなど、選択できる楽器もさまざまです。

また絵画と同様、最近はパソコンを使って作曲するコンピュータ・ミュージックのコースもあり、憧れのミュージシャン気分を味わえるでしょう。

美術や音楽に限らず、**定年を迎えてから自分の好きな分野の芸術に打ち込む**のは、

「時間が経つのを忘れる」（退屈を防ぐ）
「知らなかった分野を初歩から学ぶ」（新しい世界が開ける）
「手や指先をよく使うようになる」（脳を刺激する）
「創造力など脳をフルに活用する」（ボケの予防）

「好奇心の対象が増えて行動範囲が広がる」（無気力からの脱却）
「同好の士など新しい交友関係が広がる」（孤独感をなくす）
「コミュニケーションの手段が増える」（話題が広がる）
「満足感、達成感が得られる」（目に見える生きがい）

など、老後のイライラやストレスを防ぐうえでもいいことづくめです。

さて、あなたは何に挑戦してみますか？

PHP新書

PHP INTERFACE
http://www.php.co.jp/

保坂 隆［ほさか・たかし］

1952年山梨県生まれ。聖路加国際病院精神腫瘍科医長、聖路加看護大学臨床教授。慶應義塾大学医学部卒業後、同大学精神神経科入局。1990年より2年間、米国カリフォルニア大学へ留学。1993年東海大学医学部講師、2003年より同大学医学部教授を経て、2010年より現職。
著書・監修に、『老いを愉しむ言葉』『人生の整理術』（以上、朝日新書）、『「ひとり老後」の楽しみ方』（経済界）、『「頭がいい人」は脳のリセットがうまい』（中公新書ラクレ）、『ゆたかに、シンプルに生きる』（PHP研究所）、『「プチ・ストレス」にさよならする本』（PHP文庫）、『小さいことにクヨクヨしない方法124』（廣済堂文庫）などがある。

老後のイライラを捨てる技術

（PHP新書796）

二〇一二年五月一日 第一版第一刷

著者――保坂 隆
発行者――小林成彦
発行所――株式会社PHP研究所
東京本部――〒102-8331 千代田区一番町21
新書出版部 ☎03-3239-6298（編集）
普及一部 ☎03-3239-6233（販売）
京都本部――〒601-8411 京都市南区西九条北ノ内町11
組版――朝日メディアインターナショナル株式会社
装幀者――芦澤泰偉＋児崎雅淑
印刷所
製本所――図書印刷株式会社

ISBN978-4-569-80180-3

ＰＨＰ新書刊行にあたって

「繁栄を通じて平和と幸福を」(PEACE and HAPPINESS through PROSPERITY)の願いのもと、ＰＨＰ研究所が創設されて今年で五十周年を迎えます。その歩みは、日本人が先の戦争を乗り越え、並々ならぬ努力を続けて、今日の繁栄を築き上げてきた軌跡に重なります。

しかし、平和で豊かな生活を手にした現在、多くの日本人は、自分が何のために生きているのか、どのように生きていきたいのかを、見失いつつあるように思われます。そして、その間にも、日本国内や世界のみならず地球規模での大きな変化が日々生起し、解決すべき問題となって私たちのもとに押し寄せてきます。

このような時代に人生の確かな価値を見出し、生きる喜びに満ちあふれた社会を実現するために、いま何が求められているのでしょうか。それは、先達が培ってきた知恵を紡ぎ直すこと、その上で自分たち一人一人がおかれた現実と進むべき未来について丹念に考えていくこと以外にはありません。

その営みは、単なる知識に終わらない深い思索へ、そしてよく生きるための哲学への旅でもあります。弊所が創設五十周年を迎えましたのを機に、ＰＨＰ新書を創刊し、この新たな旅を読者と共に歩んでいきたいと思っています。多くの読者の共感と支援を心よりお願いいたします。

一九九六年十月

ＰＨＰ研究所